T0208196

Printed in the United States
By Bookmasters

# مدى مشروعية إعادة غشاء البكارة
# في ميزان الفقه الإسلامى

## الرتق العذرى

### دراسة مقارنة

الطب والدين والقانون
ويتضمن التعريف بجراحة ثقب ورتق غشاء البكارة
وحالات انسداده وأسبابه والمصالح والمفاسد التي
يعد رتق غشاء البكارة مظنة لها ومسئولية
الطبيب عن ذلك وأثر زوال البكارة في النكاح

**دكتور**

خالد عبد العظيم أبو غابة
كلية الشريعة والقانون بالقاهرة
جامعة الأزهر

الطبعة الأولى

٢٠٠٩

المركز القومي الإصدارات القانونية
٥٤ ش علي عبداللطيف –الشيخ ريحان- عابدين

Mob:0102551696/ 0124900337 Tel :00202-27964395

Fax: 00202-25067592

E-mail:Walied_gun@yahoo.com

Website:www.elqanoun.com

## بسم الله الرحمن الرحيم

## المقدمة

الحمد لله رب العالمين وصلاة وسلاما على سيد الخلق أجمعين ، سيدنا محمد صلى الله عليه وسلم وعلى جميع الأنبياء والمرسلين ، وعلى من اتبع هداه إلى يوم الدين ، وبعد ،،،،

فإنه مما لا شك فيه أن الجراحات الماسة بأجساد الإناث ، تعد من أكثر المسائل التى ثار ويثور حولها الجدل الفقهى نظرا لارتباطها بالمرأة التى جعل الشارع النظر إلى جسدها عورة إلا ما دعت إليه ضرورة شرعية ، وهناك الأعراف والتقاليد الاجتماعية التى تعطى كثيرا من الأهمية والاعتبار لوجود غشاء البكارة فى الفتاة وتجعله دليلا على عفتها ، وتعد تمزقه قبل الزواج عنوانا على فسادها ، كما أن انتشار الثقافات المتنوعة ، وعدم اهتمام الآباء برعاية الأبناء واختلاط الشباب بعضه ببعض أدى إلى ارتكاب كثير من المحرمات ، ومن أشدها جريمة الزنا[1] ، ثم اللجوء إلى الطبيب لترقيع غشاء بكاراتهن بعد إزالته مقابل مبلغ لا يمثل عبئا على الفئات المتوسطة من المجتمع ، وكذلك دفع بعض الشباب إلى اغتصاب بعض الفتيات لإشباع الغريزة الجنسية ، نظرا لعدم قدرتهم على الزواج المبكر ، لكثرة أعبائه المادية أو اندفاعا وراء التقليد الأعمى للغرب فى كل ما يفعله ٠

كما أن ختان الإناث آثار ضجة ، وذلك فى أعقاب انعقاد المؤتمر الدولى للسكان بالقاهرة ، والذى كان من ضمن برامجه

(١) بتصرف د/ محمد نعيم ياسين ـ عملية الرتق العذرى فى ميزان المقاصد الشرعية بحث منشور بمجلة كلية الشريعة والدراسات الإسلامية الكويت السنة الخامسة عدد ١٠ ص ٨٣ ٠

ندوة عن ختان الإناث [1] ولما كان حفظ النسـل مـن الضـروريات الأساسية الخمس التى اتفقت جميع الشرائع والملل على حفظها والاعتناء بها من حيث أنه لو عدم النسل لم يكن هناك فى العادة بقاء ، لذا فقد حثت الشريـعة الإسلامية على التداوى والمعالجة مما يعيق النسل ويمنعه فى إطار جواز علاج أسباب العقم فى الجملة عند الرجال والنساء ، سيما أن الطب الحـديث قـد أظهـر بعض أسرار مرض العقم ، وأصبح علاجه وتداركه فى كثير من الحالات أمر سهل وميسور [2] .

ونظرا لأهمية هـذه الموضوعات ، وحاجـة الناس ، والأطبـاء لمعرفة حكم الدين فيها ، قمنا بهذه الدراسة لمحاولة توضيح حكم الشرع منها بوضع الأسس التى يمكن الإستناد إليها فى القول بالحل أو بالحرمـة ، وعـلى اللـه تعـالى قصد السبيل .


## مدخل الدراسة

ـ لقد اشتمل اصطلاح البحـث عـلى كلمتـين إحداهما حدث ـ الجراحات ـ والأخرى محدث به أو واقع به ـ الإناث ـ وقبل الشروع فى بيان أنواع الجراحـات ، وأحكامها ، ومدى مشروعيتها ، فإنه من المناسب البدء ببيان مفهوم الجراحات ، والإناث ، وبيان مدى حاجة الإنسان إلى إجراء مثل هذه الجراحات ، وذلك فيما يلى :

---

(١) د. جميل عبد الباقى الصغير ـ ختان الإناث بين الإباحة والتجريم ص٤    ط دار النهضـة العربية ط ١٩٩٥م .

(٢) د. محمد خالد منصور ـ الأحكام الطبية المتعلقة بالنساء ص٦١ وما بعدها  ط دار النفائس ـ عمان ـ ط ١٤١٩هـ ـ ١٩٩٩م .

**أولا : ماهية الجراحة :**

**١ ـ الجراحة فى مفاهيم اللغة :**

ـ يطلق الجرح فى اللغة ، ويراد به : ما يؤثر فى غيره ، سواء كان فى الأبـدان ، أو فى المعانى والأعراض ٠

قال صاحب تـاج العـروس :" جرحـه كمنعـه ، يجرحـه جرحـا، إذا أثـر فيـه بالسـلاح ، والجـرح ، بالضـم يكـون فى الأبـدان ونحـوه والجـرح ، بـالفتح يكـون باللسان فى المعانى والأعراض"[1]٠

**٢ ـ الجراحة فى اصطلاح فقهاء الشريعة :**

ـ الجراحة كوسيلة للتداوى : لم يتعـرض فقهـاء الشرـيعة لتعريفهـا ولكـن لا تخرج عن كونها حدث بجسد يهدف إلى إصلاح عاهة أو استئصال عضو مـريض ، ولقد وردت الجراحة فى السنة المطهرة بمعنى الاستئصال ، وذلك فيما رواه مسـلم عن جابر بن عبد الـلـه ـ رضى الـلـه عنهما ـ أنه قـال:" بعـث رسـول الـلـه صـلى الـلـه عليه وسلم إلى ابن أبى كعب طبيبا فقطع منه عرقا ثم كواه عليه "[2]٠

**٣ ـ الجراحة فى اصطلاح الأطباء :**

لقد تأثر الأطباء بما ورد فى الشرع فقد عرفوا العملية الجراحية بأنها : إجـراء جراحى يهدف إلى إصلاح عاهة أو رتق تمزق أو عطـب أو إفـراغ صـديد أو سـائل مضر أو استئصال عضو مريض أو شاذ [3]٠

فهذا التعريف لا يخرج فى مضمونه عن معنى الجراحة فى اللغة والشرع ٠

---

(١) محمد المرتضى الزبيدى ـ تاج العروس جـ٤ص ٢٣ وما بعدها ـ ط دار الفكر ط ١٩٩٤م ٠

(٢) رواه مسلم فى صحيحه بشرح النووى جــ٥ص ١٩٣ كتـاب الإسـلام ـ بـاب لكـل داء دواء ، واسـتحباب التداوى ـ ط مكتبة زهران ٠

(٣) راجع الموسوعة الطبية لنخبة من العلماء والأطباء جـ٥ص ٦٣٥ نشر مؤسسـة سـجل العـرب ـ سلسـلة الألف كتاب ٠

**ثانيا : ماهية الإناث :**

" الإناث :جمع أنثى ـ ولفظ أنثى يطلق فى اللغة : على كل ما يخالف الذكر ـ جاء فى تاج العروس :" والإناث جمع أنثى ، وهو خلاف الذكر فى كل شئ ، وجمع الجمع أنث كحمار وحمر [1] ، ولقد جاء لفظ الأنثى فى القرآن الكريم بهذا المعنى ـ ما يخالف الذكر ـ قال تعالى : ﴿ يهب لمن يشاء إناثا ويهب لمن يشاء الذكور *أو يزوجهم ذكرانا وإناثا ويجعل من يشاء عقيما إنه عليم قدير ﴾ [2] .

والواو تقتضى المغايرة والمخالفة بين المعطوف والمعطوف عليه ـ ولم تخرج تعريفات الأطباء للأنثى عن هذا المعنى فقالوا : الأنثى : ما يقابل الذكر من المخلوقات الحية سواء كان إنسانا أو حيوانا أو نباتا ، والقاعدة الغالبة فى النبات اجتماع أعضاء الذكورة والأنوثة ، أما فى الحيوان والإنسان فالقاعدة افتراقهما [3] .

**ثالثا :مشروعية التداوى :**

ـ إن من أهم مقاصد الشريعة الإسلامية حفظ النفس البشرية من كل سوء يمسها أو ضرر يحيق بها بكل وسيلة تحقق حفظها وسلامتها ، وعلى ذلك فإن كل فعل طبى يتحقق به الشفاء وتندفع به الآفات والأسقام يعد مشروعا ما لم يتعارض مع أحكام الشريعة الإسلامية ومتى كان بالقدر الذى يتحقق به الشفاء وتندفع به الآفات والأسقام [4] .

---

(١) الزبيدى ـ تاج العروس ـ جـ٣ص ١٦٥ وما بعدها .

(٢) سورة الشورى ـ من الآية ٤٩ ، والآية ٥٠ .

(٣) الموسوعة الطبية الفقهية ـ المرجع السابق ص١٠٧ .

(٤) راجع د. ذكى ذكى حسين زيدان ـ حكم رتق غشاء البكارة ـ ص ٢٦٢ ط ١٤٢١هـ ـ ٢٠٠١م .

جاء فى قواعد الأحكام : " والطب كالشرع وضع لجلب مصالح السلامة والعافية ولدرء مفاسد المعاطب والأسقام ولدرء ما أمكن درءه من ذلك ، ولجلب ما أمكن جلبه من ذلك والذى وضع الشرع هو الذى وضع الطب ، فإن كل واحد منهما موضوع لجلب مصالح العباد ودرء مفاسدهم "[1].

ـ والجراحات باعتبارها إحدى وسائل التداوى حث الإسلام على إيقاعها ، وذلك فيما رواه مسلم عن عاصم بن عمر بن قتادة قال : جاءنا جابر بن عبد الله وفى أهلنا رجل يشتكى خراجا فقال : ما تشتكى قال : خراج بى قد شق على ، فقال : يا غلام ائتنى بحجام فقال له : ما تصنع بالحجام يا أبا عبد الله ؟ قال أريد أن أعلق فيه محجما قال و الله إن الذباب ليصيبنى أو يصيبنى الثوب فيؤذينى ويشق على ، فلما رأى تبرمه من ذلك قال : إنى سمعت رسول الله صلى الله عليه وسلم يقول :" إن كان فى شئ من أدويتكم خير ففى شرطة محجم أو شربة من عسل أو لذعة بنار " قال رسول الله صلى الله عليه وسلم وما أحب أن أكتوى " قال : فجاء بحجام فشرطه فذهب عنه ما يجد "[2].

يستدل بذلك على أن الجراحة مشروعة على جهة العموم إلا أن درجة هذه المشروعية تختلف تبعا لاختلاف حالة المريض ونوع المرض ـ ولما كان أمر الإناث مبنى على الستر الذى يعتبر خلقا من أخلاق الدين ، وقيمة من قيمه .

لذا فإن إجراء الجراحات ـ مثل جراحة ختان الإناث أو جراحة منع الحمل ـ جراحات التعقيم ـ أو التى لم تكن

---

(١) راجع سلطان العلماء ـ العز بن عبد السلام ، قواعد الإحكام فى مصالح الأنام جـ١ص ٦ ط مكتبة الكليات الأزهرية .

(٢) صحيح مسلم جـ٤ص ١٧٢٩ رقم ٢٢٠٥ ـ دار الكتب العلمية .

معروفة من قبل مثل جراحة إعادة غشاء البكارة ـ الرتق العذرى ـ التى يرجع معرفتها إلى تقدم العلوم التقنية والمعارف الطبية والتكنولوجيا ـ من الموضوعات التى ثار الجدل حول مدى مشروعيتها ـ والحق أن إعطاء حكم شرعى لهذه الجراحات الماسة بأجساد الإناث يحتاج إلى دراسة مستفيضة لمقاصد الشريعة وأحكامها ، ولابد من بذل الجهد والوسع للوصول إلى تكييفها تكييفا يزيل اللبس فيها ويبين موقف فقهاء المسلمين منها ·

وهذا ما سوف نتناوله فى بابين :

**الباب الأول** : فى التعريف بجراحة ثقب ورتق غشاء البكارة وأسبابه اللاإرادية الشرعية وغير الشرعية ·

**الباب الثانى** : فى حكم جراحة رتق غشاء البكارة للزنا ومسئولية الطبيب ، وأثر زوال البكارة على الرد بالعيب والنكاح ·

# الباب الأول
## التعريف بجراحة ثقب ورتق غشاء البكارة
## وأسبابه اللاإرادية الشرعية وغير الشرعية

**الفصل الأول : فى التعريف بجراحة ثقب غشاء البكارة ، وأسبابه وموقف القانون منها ٠**

**المبحث الأول : التعريف بجراحة ثقب غشاء البكارة ٠**

**المطلب الأول** : مبدأ ستر العورة والاستثناء الوارد عليه٠

**المطلب الثانى** : التعريف بجراحة ثقب غشاء البكارة ٠

**المبحث الثانى : أسباب ثقب غشاء البكارة ٠**

**المطلب الأول** : حالات انسداد غشاء البكارة ٠

**المطلب الثانى** :حكم إزالة غشاء البكارة بالإصبع ، وأثره٠

**المطلب الثالث** : موقف القانون من جراحة ثقب غشاء البكارة ٠

**الفصل الثانى : التعريف بجراحة رتق غشاء البكارة ، وأسبابه اللاإرادية الشرعية ٠**

**المبحث الأول : ماهية الرتق العذرى ، وأسبابه ٠**

**المطلب الأول** :ماهية الرتق العذرى ٠

**المطلب الثانى** : الأسباب اللاإرادية لتمزق الغشاء ٠

**المبحث الثانى : طرق إثبات فقد العذرية ٠**

**المطلب الأول** : طرق إثبات فقد العذرية فى الفقه الإسلامى٠

**المطلب الثانى** : طرق إثبات فقد العذرية فى الطب الشرعى ٠

## المطلب الأول

## مبدأ ستر العورة ، والاستثناء الوارد عليه

أوجب الشارع الحكيم على المرأة ستر عورتها فى الصلاة، وخارجها عن نفسها وعن غيرها ممن لا يحل له النظر إليها ، وقد تضافرت النصوص من **الكتاب والسنة** على التحذير من التهاون فى ستر العورة أو هتكها ومن هذه النصوص :

**أولا : من الكتاب :**

قوله تعالى : ﴿ وقل للمؤمنات يغضضن من أبصارهن ويحفظن فروجهن ﴾ [(١)] .

وقوله تعالى : ﴿ والقواعد من النساء اللاتي لا يرجون نكاحا فليس عليهن جناح أن يضعن ثيابهن غير متبرجات بزينة وأن يستعففن خير لهن و الله سميع عليم﴾ [(٢)] .

**ثانيا : من السنة :**

قول الرسول صلى الله عليه وسلم :" لا ينظر الرجل إلى عورة الرجل ولا المرأة إلى عورة المرأة ، ولا يفضى الرجل إلى الرجل فى الثوب الواحد ولا تفضى المرأة إلى المرأة فى الثوب الواحد"[(٣)] .

وجه الدلالة مما سبق : يستفاد من هذا المحافظة على العورة وأن النظر إليها أمر غير جائز سواء بالنسبة للرجل والمرأة ٠

---

(١) سورة النور من الآية ٣١ ٠

(٢) سورة النور ـ الآية ٦٠ ٠

(٣) الحديث أخرجه الإمام مسلم فى صحيحه عن عبد الرحمن بن أبى سعيد الخدرى عن أبيه ـ باب تحريم النظر إلى العورات جـ١ص ١٥٠ ـ ط الحلبى ٠

ـ ولم يبح الشرع النظر إلى العورات إلا لضرورة كالتداوى فإنه يجوز كشفها بقدر الضرورة طبقا لقاعدة ما أبيح للضرورة يقدر بقدرها [1] كما يجوز كشف العورة للاستنجاء والاغتسال وقضاء الحاجة ونحو ذلك .

وبعد ما تقدم بيانه من حرمة النظر إلى العورات ، فإن ثمة مشكلات تحدث بهذه العورات وتتطلب حلا طبيا مما ينشأ عن ذلك كشف هذه العورات ، لذا استدعى المقام عرض هذه المشكلات ، وبيان موقف الشرع من الحلول الطبية لها ، وسوف نعرض لبيان أحكام هذين الأمرين نبدأ بأسباب         وأحكام جراحة ثقب غشاء البكارة ، ثم نثنى الحديث فى أسباب وأحكام جراحة إعادة غشاء البكارة وهو ما يعبر عنه (( بالرتق العذرى )) .

_____

(١) الأشباه والنظائر للسيوطى ص٨٧ ط دار الكتب العلمية .

## المطلب الثانى

## التعريف بجراحة ثقب غشاء البكارة

**أولا : تعريف غشاء البكارة :**

هو صحيفة لحمية ناعمة مؤلفة من التصاق مخاطين يقع على مدخل المهبل ، كما لو كان ليسده ، وتوجد فيه ثقب هلالية طولها من ١ :٥ مليمتر أو أقل لنزول دم الحيض ، وفى حالة انسداد هذه الثقوب ، فإنه يضطر الطبيب الجراح لإجراء عملية ثقب لغشاء البكارة لئلا يتسبب ذلك فى مضاعفات خطيرة تنعكس على صحة الفتاة [١] ، وسوف نتناول دراسة أحكام هذه الجراحة من خلال تعريفها ، والأسباب الملزمة لها ، وبيان موقف الشرع والقانون من الحلول الطبية لها ٠

**ثانيا : التعريف بجراحة ثقب غشاء البكارة فى اللغة والاصطلاح :**

ـ يطلق الثقب فى معاجم اللغة ويراد به الخرق النافذ [٢] وقد عرف بعض الفقهاء المعاصرين المقصود بهذه الجراحة بأنها : إحداث خرق بغشاء بكارة بكر لتسهيل خروج دم حيض، أو لتمكين زوج من جماع على النحو المبتغى ، أو لإصلاح رحم[٣] ٠

---

(١) د٠ كمال فهمى ـ رتق غشاء البكارة ، بحث منشور بمؤتمر الرؤية الإسلامية لبعض الممارسات الطبية ط ١٩٨٧م ٠

(٢) الفيروزآبادى ـ القاموس المحيط ص٨١ ط دار الفكر ـ بدون تاريخ ٠

(٣) فى نفس المعنى د٠ محمد خالد منصور ـ الأحكام الطبية المتعلقة بالنساء ـ المرجع السابق ص٢٠٩ ٠

## المبحث الثانى

## أسباب جراحة ثقب غشاء البكارة

### المطلب الأول

### حالات انسداد غشاء البكارة

- لقد لاحظ الأطباء من خلال الممارسة الطبية لعلاج أمراض الإناث أن ثمة مشكلات تتعلق بغشاء البكارة قد تمنع خروج دم حيض ، أو تمنع تمكن رجل من جماع زوجته ، أو أن يكون الغشاء مانعا من إجراء جراحة لعلاج علة مرضية تستدعى تدخلا طبيا لثقب غشاء البكارة ، وهذه بعض الحالات نبينها ثم نوضح رأى الفقه الإسلامى فيها :

**الحالة الأولى :**

وهى حالة انسداد غشاء البكارة لفتاة فى مرحلة البلوغ بما لا يسمح بخروج دم الحيض مما يتسبب عنه تكون وتجمع الدم فى أسفل البطن على هيئة ورم مصحوب بألم شديد مما يستدعى إجراء جراحة عاجلة يتم خلالها شق الغشاء كليا أو جزئيا بالقدر الذى يسمح بخروج الدم [1].

**- موقف الفقه الإسلامى :**

- من المعلوم شرعا أن حفظ النفس وصيانتها عن التلف مقصد من مقاصد الشريعة ، لذا فقد تضافرت النصوص من الكتاب والسنة الدالة على رفع الإثم عمن اقترف محظورا فى حالة الضرورة التى تحقق حفظ هذه النفوس ومنها :

١ - قول الله تعالى : ﴿ ولا تلقوا بأيديكم إلى التهلكة ﴾ [2].

---

(١) د. محمد عبد العزيز سيف النصر ، د. يحيى الشريف ، د. محمد على مشالى - الطب الشرعى والبوليس الفنى الجنائى ص ٣٩٥- مكتبة القاهرة الحديثة .

(٢) سورة البقرة - من الآية ١٩٥ .

**وجه الدلالة :** أن الله تعالى نهى الإنسان أن يلقى بنفسه إلى التهلكة وانحباس دم الحيض الذى يؤدى إلى تلف النفس يقينا من التهلكة ، والنهى يقتضى التحريم فالامتناع عن ثقب غشاء البكارة تحت ذريعة حرمة كشف العورة من إلقاء النفس فى التهلكة المنهى عنه ، فيكون حراما ٠

٢ ـ قول الله تعالى : ﴿ فمن اضطر غير باغ ولا عاد فلا إثم عليه ﴾ [١]٠

**وجه الدلالة :** أن الله تعالى رفع الإثم عمن اضطر إلى فعل محرم بأصله ما دام أنه غير ظالم ولا متجاوز فيه ، ورفع الإثم يدل على عدم المؤاخذة ، وثقب غشاء البكارة بالحد المناسب لإنزال دم الحيض الذى يضر احتباسه داخل فيه فلا يكون حراما ٠

٣ ـ قول الرسول صلى الله عليه وسلم :" لا ضرر ولا ضرار " [٢]٠

ـ وقد استنبط الفقهاء من الحديث الشريف عدة قواعد فقهية قاعدة " الضرر يزال " [٣] وقاعدة " الضرر الأشد يزال بالضرر الأخف " [٤]٠

**وجه الدلالة من الحديث والقواعد الفقهية :**

ـ أن النبى صلى الله عليه وسلم نهى عن الضرر ، لأن لا ناهية وليست نافية ، والنهى يفيد التحريم ، ورفع التحريم يكون بإزالة

---

(١) سورة البقرة من الآية ١٧٣ ٠

(٢) أخرجه ابن ماجه فى سننه جـ٢ص ٧٨٤ كتاب الأحكام ، باب من بنى فى حقه ما يضر بغيره ط الريان للتراث ـ بدون تاريخ ٠

(٣) الإمام السيوطى ـ الأشباه والنظائر ص٨٣ ـ طبعة الحلبى ١٣٨٧هـ ابن نجيم ـ الأشباه والنظائر ص٨٥ ـ طبعة الحلبى ١٣٧٨هـ ، د٠ على حيدر ـ درر الحكام شرح مجلة الأحكام جـ١ص ٣٣ ط دار الكتب العلمية ـ بيروت ط ١٤١١هـ ـ ١٩٩١م٠

(٤) الأشباه والنظائر لسيوطى ص٧ ـ دار الكتب العلمية ٠

الضرر فاحتباس الدم الذى قد يؤدى إلى التلف يستوجب الرفع والإزالة ، كما أن إزالة غشاء البكارة ضرر ، وحبس الدم ضرر أكبر فيحتمل الضرر الأخف لدرء الضرر الأكبر ٠

مما سبق عرضه من النصوص يتبين لنا أن تدخل الطبيب لإزالة غشاء البكارة كليا أو جزئيا بما يسمح بخروج دم الحيض الذى قد يؤدى حبسه إلى تلف الفتاة يعد من الضروريات التى تبيح المحظورات ومن المعلوم شرعا أنه إذا تعارض الحاجى[١] مع التحسينى[٢]، رجح الحاجى فثقب غشاء البكارة أمر حاجى، وكشف العورة أمر تحسينى ، فيقدم فعل الجراحة لمكان وجود الضرورة[٣].

**الحالة الثانية**

وهى حالة ما قد تكون ثمة علة ورم ونحوه فى رحم الفتاة يتطلب علاجه أخذ عينات من هذا الورم لتحليها مما يترتب عليه إزالة غشاء البكارة[٤] ٠

**موقف الفقه الإسلامى :**

ـ فتق غشاء البكارة لمعرفة نوع الورم حتى يتم تحديد نوعيته بما يمكن من استئصاله يعد من الضروريات التى تبيح

---

(١) الحاجى : ما يحتاج إليه ولا يصل إلى حد الضرورة كالبيع والإجارة وقد يكون ضروريا أحيانا كالإجارة لتربية طفل ـ يراجع : التوقيف على مهمات التعريف ـ محمد عبد الرؤوف المناوى ـ تحقيق محمد رضوان الداية ـ ص ٢٦٣ الطبعة الأولى ١٤١٠هـ ٠

(٢) التحسينى : وهو ما ليس ضروريا ولا حاجيا ولكن فى محل التحسين ، يراجع: شرح الكوكب المنير ـ تقى الدين أبو البقاء الفتوحى ص٥٢٢ ـ مطبعة السنة المحمدية ٠

(٣) فى نفس المعنى د٠ محمد خالد منصور ـ الأحكام المتعلقة بالنساء فى الفقه الإسلامى ص ٢١٠ ٠

(٤) د٠ محمد عبد العزيز سيف النصر ، د٠ يحيى الشريف ، د٠ محمد على مشالى ـ الطب الشرعى والبوليس الفنى الجنائى ص ٣٩٥ ٠

المحظور وذلك لأن ترك الورم دون استئصال إبقاء على غشاء البكارة يؤدى إلى تلف وهلاك الفتاة يقينا وقد نهى الله تبارك وتعالى عن إلقاء النفس إلى التهلكة بقوله تعالى : ﴿ ولا تلقوا بأيديكم إلى التهلكة ﴾ [١]، وقوله تعالى : ﴿ ولا تقتلوا أنفسكم إن الله كان بكم رحيما ﴾ [٢]٠

ـ كما أن فتق البكارة فى هذه الحالة مرتبط بقاعدة فقهية هى قاعدة " الضرر يزال " [٣] ووجه الارتباط أن الورم الموجود فى الرحم ضرر يجب إزالته ودفعه ، ومرتبط أيضا بقاعدة :" يرتكب الضرر الأخف لدرء الضرر الأكبر "[٤] ، ووجه الارتباط أن إزالة غشاء البكارة ضرر وبقاء الورم دون استئصال ضرر أكبر فيحتمل الضرر الأخف لدرء الضرر الأكبر ٠

هذا وقد أجازت دار الإفتاء المصرية هذه الجراحة فى فتواها التى تحت عنوان :" نزول المريض على رأى الأطباء " ردا على الطلب الوارد إليها من إحدى الفتيات المسلمات الأمريكيات والذى جاء فيه :" أنه قد تبين من الفحص الطبى أن لديها أوراما فى الرحم مما يتطلب إدخال آلة فى الرحم لأخذ عينات من هذه الأورام ، وهذا الإجراء يترتب عليه فض غشاء البكارة ، وقد توقفت فى الأمر لحين عرضه على الفقهاء ٠

وكان الجواب على النحو التالى :" أنه قد صح عن رسول الله صلى الله عليه وسلم أنه تداوى وأمر بالتداوى ، فقد روى عن أسامة بن

---

(١) سورة البقرة من الآية ١٩٥ ٠

(٢) سورة النساء من الآية ٢٩ ٠

(٣) ابن نجيم ـ الأشباه والنظائر ص٨٥ ٠

(٤) د٠ محمد بكر إسماعيل ـ القواعد الفقهية بين الأصالة والتوجيه ص ١٠٢ طبعة دار المنار ١٤١٧هـ ـ ١٩٩٧م ٠

شريك قال : جاء أعرابي فقال : يا رسول الله أنتداوى ؟ قال : نعم ، فإن الله لم ينزل داء إلا أنزل له شفاء علمه من علمه وجهله من جهله "[1] وفى لفظ قالت الأعراب يا رسول الله أنتداوى ؟ قال : نعم عباد الله تداووا فإن الله لم يضع داء إلا وضع له شفاء أو دواء إلا داء واحدا قالوا يا رسول الله وما هو؟ قال : الهرم [2] لما كان ذلك ، وكان الظاهر من السؤال أن الذين تولوا فحص السائلة قد قرروا لزوم أخذ جزء من الأورام الداخلية بالرحم لتحليلها لمعرفة نوعها وتشخيص المرض إن كان ، وتحديد طرق العلاج وكان على السائلة النزول عند رأيهم ، لأن التداوى من المرض من الضرورات فى الإسلام ٠

ومن ثم فعليها المبادرة إلى إجراء هذا الفحص حماية لنفسها عن الهلاك امتثالا لأمر الله تعالى بالمحافظة على النفس فى القرآن الكريم ، وترخيص الرسول صلى الله عليه وسلم فى التداوى ، بل وأمره به "[3]٠

---

(١) الحديث رواه الإمام أحمد فى مسنده جـ٤ص ٢٧٨ ، تحقيق أحمد محمد شاكر ـ ط دار المعارف للطباعة والنشر ط ١٩٥٠م ٠

(٢) الحديث رواه الترمذى فى سننه جـ٤ص ٣٣٥ كتاب الطب باب ما جاء فى التداوى والحث عليه ـ ط دار الفكر ـ بدون تاريخ ٠

(٣) صدرت الفتوى بتاريخ ٢٦ شعبان ١٤٠٠هـ ـ ١٩٨٠/٧/٩م راجع فيها مجموعة الفتاوى المصرية ٣٤٩٨/١٠ ـ ٣٥٠٠ رقم ١٢٨٧ نشر المجلس الأعلى للشئون الإسلامية ٠

راجع أيضا : كتاب أحكام الشريعة الإسلامية فى مسائل طبية عن الأمراض النسائية والصحة الإنجابية للإمام الأكبر الشيخ جاد الحق على جاد الحق ـ كتب المادة الطبية د/ محمد نبيل يونس ، د/ أحمد رجاء عبد الحميد رجب ـ راجع المادة الطبية د/ جمال أبو السرور من مطبوعات المركز الدولى الإسلامى للدراسات والبحوث السكانية ص١٩٥ ـ ١٩٧ ٠

**الحالة الثالثة**

وهى حالة أن يكون الغشاء سميكا يمنع من قضاء الوطء ـ إيلاج الذكر ـ وفى هذا منافاة لمقاصد النكاح مما قد يلجأ الزوج إلى فسخ النكاح بهذا العيب ـ الرتق ـ كما هو معروف فى باب الخيار[1] ٠

**ـ موقف الفقه الإسلامى :**

يعد إجراء جراحة ثقب غشاء البكارة فى هذه الحالة ضرورة ، وذلك إعمالا للقواعد الفقهية السابق عرضها الآمرة بإزالة الضرر [2] ووجه الضرر :هو عدم تمكن الزوج من وطء زوجته ، والوطء مقصد من مقاصد النكاح فيتعين رفع الضرر وإزالته ، ووسيلته ، هذه الجراحة فتتعين ، كما أن قاعدة ارتكاب أخف الضررين يصح أن تكون سندا لإجراء هذه الجراحة ، ووجه أن جراحة ثقب غشاء البكارة بجراحة آمنة ، فيه منع للزوج عن الإقدام إلى فض غشاء البكارة بالإصبع وهو ما قد يسبب ضررا عظيما للمرأة ، لذا سوف نعرض لبيان حكم هذا الإجراء عند الفقهاء ، وذلك فيما يلى :

---

(١) د٠ محمد عبد العزيز سيف النصر ، د٠ يحيى الشريف ، د٠ محمد على مشالى ـ الطب الشرعى والبوليس الفنى الجنائى ص ٣٩٥ ٠

(٢) الإمام السيوطى ـ الأشباه والنظائر ص٨٣ ٠

## المطلب الثانى

## حكم إزالة غشاء البكارة بالإصبع وأثره

**أولا : حكم إزالة غشاء البكارة بالإصبع ونحوه :**

اتفق الفقهاء على عدم حرمة إزالة الزوج لبكارة زوجته بالإصبع ونحوه متى كان غير متمكن من إزالتها بالوطء لمانع صحى أو عيب خلقى ككون الغشاء سميكا لا يتأتى فضه بالوطء ، لكنهم اختلفوا فى حكم إزالة الزوج لبكارة زوجته بالإصبع ونحوه حيث كان متمكنا من إزالتها بالوطء بأن لم يكن ثمة ما يمنع ذلك من مانع صحى أو عيب خلقى ٠

ويمكن حصر الخلاف فى قولين :

**القول الأول :** ذهب الحنفية والشافعية فى الأصح عندهم والحنابلة إلى كراهة فض الزوج لبكارة زوجته بالإصبع [(١)]٠

جاء فى حاشية ابن عابدين :" لو أزال الزوج عذرتها بالإصبع لا يضمن ويعزر ، ومقتضاه أنه مكروه فقط ، قال : وهل تنتفى الكراهة بسبب العجز عن الوصول إليها بكرا ؟ الظاهر ، لا ، فإنه يكن عنينا بذلك ، ويكون لها حق التفريق"[(٢)]٠

**القول الثانى :**ذهب المالكية والشافعية فى وجه إلى أن إزالة الزوج لبكارة زوجته بالإصبع حرام متى كان ذلك بحضرة النساء [(٣)] أو متى كانت الإزالة بغير الذكر ، أو فيها مشقة أكثر من إزالتها بالذكر [(٤)]٠

---

(١) ابن عابدين ـ حاشيته المسماة رد المحتار جـ٢ص ٢٣٠ ط الحلبى ، الشربينى الخطيب ـ مغنى المحتاج جـ٥ص ٣٢٨ ط الحلبى ، البهوتى ـ كشاف القناع جـ٥ص ١٦٣ ط دار الفكر ط ١٩٨٢م ٠

(٢) ابن عابدين ـ المرجع السابق ـ نفس الموضع ٠

(٣) الدسوقى ـ حاشيته على الشرح الكبير جـ٤ص ٢٧٨ طبعة دار الكتب العربية٠

(٤) النووى ـ روضة الطالبين جـ٧ص ١٦١ ط دار الكتب العلمية ٠

## الأدلـة

**أدلة القول الأول :**

استدل القائلون بكراهة فض البكارة بالإصبع بالمعقول من عدة وجوه هى :

**الوجه الأول :** أن للزوج فض بكارة زوجته على أى وجه كان ، وأنه لا فرق بين آلة وآلة [1].

**مناقشة الاستدلال :** يمكن مناقشة هذا الاستدلال بأن ثمة فرق بين الآلة المخلوقة للوطء ، وبين الإصبع ونحوه مما ليس مختصا بذلك .

**الوجه الثانى** : أن فض البكارة حق للزوج فله استيفاؤه على أى نحو كان ، فإذا أخطأ فى طريقة استيفائه فلا شئ عليه[2].

**مناقشة الاستدلال :** يمكن مناقشة هذا الاستدلال أنه مع التسليم بأحقية الزوج لفض بكارة زوجته بأى حال لكى ينبغى أن يقيد ذلك بعدم الإضرار بالزوجة وفى فض البكارة بالإصبع ونحوه فيه ضرر ووجهه احتمال إصابتها بنزيف ونحوه بسبب تهتك الأنسجة أو تمزيق جزء آخر غير غشاء البكارة مما قد يسبب ضررا بينا للمرأة .

**الوجه الثالث :** أن فض الزوج لبكارة زوجته بالذكر إتلاف ما يستحق إتلافه بعقد النكاح ، فلا يضمن بغيره [3].

**مناقشة :** يمكن مناقشة هذا الاستدلال بأن سقوط الضمان عن الزوج لا يستلزم سقوط الإثم خاصة إذا كان الضرر متيقنا أو مظنونا ظنا غالبا .

---

(١) ابن عابدين ـ المرجع السابق ـ نفس الموضع .

(٢) البجيرمى ـ حاشيته على شرح الخطيب جـ٤ص ١٥٩ ط المطبعة الكبرى الأميرية .

(٣) البهوتى ـ كشاف القناع جـ٥ص ١٦٣ .

**أدلة القول الثانى :**

استدل القائلون بحرمة فض البكارة بالإصبع ونحوه بالسنة والمعقول :

**أما السنة فمنها :**

١ ـ ما روى عن أبي سعيد الخدرى أن رسول الله صلى الله عليه وسلم قال : "لا ضرر ولا ضرار " [(١)]٠

**وجه الدلالة** : أن الحديث الشريف نهى عن الضرر ، والنهى يقتضى التحريم وإزالة بكارة الزوجة بغير الوطء كالإصبع ونحوه فيه إيلام للمرأة وإضرار بها ، فيكون حراما ٠

٢ ـ ما جاء فى صحيح مسلم أن النبى صلى الله عليه وسلم قال :"لا ينظر الرجل إلى عورة الرجل ، ولا تنظر المرأة إلى عورة المرأة ، ولا يفضى الرجل إلى الرجل فى الثوب الواحد ولا المرأة إلى المرأة فى الثوب الواحد [(٢)]٠

**وجه الدلالة** : الحديث صريح فى نهى نظر المرأة إلى عورة المرأة والنهى حقيقة التحريم إذا لم توجد قرينة ، وفض البكارة بالإصبع بحضرة النساء إطلاع على العورات بدون ضرورة شرعية ـ إذ للزوج أن يلجأ إلى طبيب لفض البكارة جراحيا ـ فيكون نظر النساء إلى عورة المرأة حراما فما أدى إليه يكون حراما أيضا ٠

٣ ـ ما رواه أبو داود عن عبد الرحمن بن أبي ليلى قال : حدثنا أصحاب محمد صلى الله عليه وسلم أنهم كانوا يسيرون مع النبى صلى الله عليه وسلم

---

(١) الحديث سبق تخريجه ص١٤ ٠

(٢) الحديث أخرجه مسلم جـ١ص ١٥٠ كتاب الطهارة ، باب تحريم النظر إلى العورات ـ رواه أبو داود جـ٤ص ٤٠ رقم ٤٠١٨ كتاب الحجام ـ باب ما جاء فى التعرى ٠

فنام رجل منهم فانطلق بعضهم إلى حبل معه فأخذه ففزع ، فقال رسول الله صلى الله عليه وسلم :" لا يحل لمسلم أن يروع مسلما "[1] ٠

**وجه الدلالة** : الحديث صريح فى النهى عن ترويع المسلم، وفض الزوج لبكارة زوجته بغير الوطء فيه ترويع لزوجة فيكون حراما ٠

**ـ المعقـــول :**

استدل القائلون بحرمة فض البكارة بالإصبع ونحوه بالمعقول فقالوا : لو جاز له ذلك ، أى الإزالة بالإصبع ونحوه ـ لم يكن عجزه عن إزالتها مثبت للخيار ، لقدرته على إزالتها بذلك [2] فإذا ثبت الخيار رفع جواز الفض بالإصبع ٠

**الترجيـــح :**

مما سبق عرضه يتبين أن القول بحرمة إزالة الزوج لبكارة زوجته بالإصبع ونحوه متى كان متمكنا من إزالتها بالوطء بأن لم يكن ثمة مانع صحى أو عيب خلقى لا يتأتى فضه بالوطء هو الأولى بالقبول لقوة أدلتهم ، ولما فى فض البكارة بالإصبع وبحضرة النساء فيه من الألم النفسى للزوجة ما فيه ، فضلا عما سبق ذكره من الترويع كما أنه يعطى انطباعا سيئا فى بداية الحياة الزوجية ، فينبغى على الزوج أن ينأى بنفسه وبزوجته عن ذلك ، لذا فإنه من الأحرى للزوج إذا واجه مشكلة تختص بغشاء البكارة أن يلجأ إلى طبيبة لها علم بالأنواع المتعددة لغشاء البكارة لتفضها بوسيلة جراحية ملائمة

---

(١) أخرجه أبو داود جـ٤ص ٣٠٣ برقم ٥٠٠٤ باب من يأخذ الشئ على المزاح٠

(٢) السيد البكرى ابن محمد شطا الدمياطى ـ إعانة الطالبين على حل ألفاظ فتح المعين جـ٤ص ٣٤٠ ط دار إحياء الكتب العربية ـ بدون تاريخ ٠

وانطلاقا من قول الله تعالى : ﴿ فاسألوا أهل الذكر إن كنتم لا تعلمون ﴾ [1] .

**ثانيا : أثر إزالة بكارة الزوجة بالإصبع :**

اتفق الفقهاء على أن الزوج إذا أزال بكارة زوجته بغير وطء ـ بإصبعه ونحوه ـ وبنى بها ، ثم طلقها ، فإنه يثبت لها الصداق كاملا ـ لكنهم اختلفوا فيما إذا أزال الزوج بكارة زوجته بإصبعه ثم طلقها قبل المسيس ، فهل يجب كل الصداق، أم نصفه ؟ ويمكن حصر الخلاف فى قولين :

**القول الأول** : ذهب الحنفية إلى أن على الزوج مهر المثل كاملا إذا أزال بكارة زوجته بغير وطء ـ بإصبعه ونحوه ـ وطلقها قبل المسيس فقالوا باستحقاقها المهر إن سمى ، ولم يقبض ، واستحقاقها لباقيه إن كان قد قبض بعضه ـ وقد حكى ابن حجر هذا الرأى عن الليث والأوزاعى وأحمد ، وقال به أيضا سيدنا عمر وعلى وزيد بن ثابت ،ومعاذ بن جبل ، وابن عمر من الصحابة [2] .

**القول الثانى** : ذهب الجمهور من المالكية والشافعية والحنابلة : إلى أن الزوج إذا أزال بكارة زوجته بغير وطء ـ بأصبع ونحوه ـ وطلقت قبل المسيس لا تستحق إلا نصف المهر [3] .

---

(1) سورة الأنبياء الآية ٧ .

(2) ابن عابدين ـ المرجع السابق جـ٣ص ١١٣ ، ابن حجر العسقلانى ـ فتح البارى بشرح صحيح البخارى جـ٩ص ٤٠٥ ط دار الريان للتراث ط ١٩٨٧م .

(3) حاشية الدسوقى جـ٤ص ٢٧٨ ، الرملى ـ نهاية المحتاج ـ جـ٤ص ٣٤١ ط دار الفكر ط ١٩٨٤م ، ابن قدامة ـ المغنى ـ جـ ٧ص ١٩٤ ط دار الحديث ط ١٩٩٦م .

وأضاف المالكية إلى نصف المهر أرش البكارة ، جاء فى الشرح الكبير :" إلا إن أزالها بإصبعه فلا تندرج تحت مهر ، والزوج والأجنبى سواء ، إلا أن الزوج يلزمه أرش البكارة التى أزالها بأصبعه مع نصف الصداق إن طلق قبل البناء "[1] .

## الأدلــــة

### أدلة القول الأول :

استدل القائلون بوجوب المهر كاملا فى حالة إزالة الزوج لبكارة زوجته بإصبعه أو نحوه بالسنة والمعقول :

### أما السنة فمنها :

١ ـ ما رواه البخارى بسنده عن سعيد بن جبير قال : قلت لابن عمر رجل قذف إمرأته ، فقال : فرق نبى الله صلى الله عليه وسلم بين أخوى بنى العجلان ، وقال الله يعلم أن أحدكما كاذب ، فهل منكما تائب ؟! فأبيا فقال : الله يعلم أن أحدكما كاذب فهل منكما تائب ؟ ! فأبيا ففرق بينهما ، قال أيوب فقال لى عمرو بن دينار : فى الحديث شئ لا أراك تحدثه به قال : قال الرجل مالى ، قال لا مال لك إن كنت صادقا فقد دخلت بها ، وإن كنت كاذبا فهو أبعد منك " [2] .

وجه الدلالة : قال ابن حجر : تمسك القائلون بلفظ :" فقد دخلت بها " على أن من أغلق بابا وأرخى سترا على المرأة  فقد وجب لها الصداق وعليها العدة [3] ومن أزال بكارة  زوجته بإصبعه أو نحوه فقد أغلق الباب وأرخى الستر فيجب الصداق•

---

(١) الدسوقى ـ الشرح الكبير على مختصر خليل جـ٤ص ٢٧٨ •

(٢) رواه البخارى جـ٢ص ٣٦٦ ـ كتاب الطلاق ـ باب صداق الملاعنة جـ٩ص ٤٠٥ كتاب الطلاق ـ باب المهر للمدخول عليها وكيفية الدخول أو طلقها قبل المسيس •

(٣) ابن حجر ـ فتح البارى ـ جـ٩ص ٤٠٥ •

**المعقول :**

استدل القائلون بوجوب الصداق كاملا بالمعقول فقالوا أن ذهاب البكارة بالإصبع وقع فى نكاح صحيح وفى خلوة صحيحة وأن الغالب عند إغلاق الباب وإرخاء الستر على المرأة وقوع الجماع لما جبلت عليه النفوس فى تلك الحالة من عدم الصبر على الوقاع غالبا لغلبة الشهوة وتوفر الداعية [١].

**أدلة القول الثانى :**

استدل القائلون بنصف المهر فيما إذا أزال الزوج بكارة زوجته بالإصبع وطلق قبل المسيس بالكتاب والمعقول :

**أما الكتاب :**

فقوله تعالى : ﴿ وإن طلقتموهن من قبل أن تمسوهن وقد فرضتم لهن فريضة فنصف ما فرضتم ﴾ [٢].

**وجه الدلالة :** أن الله تعالى أوجب نصف الصداق عند الطلاق قبل المس ومن أزال البكارة بالإصبع لا مسيس ولا خلوة فليس لها إلا نصف الصداق [٣].

**أما المعقول :**

استدل القائلون بوجوب أرش البكارة إضافة إلى نصف الصداق بالمعقول فقالوا إن فى إيجاب الأرش تعويض للمرأة على تفويته وصف البكارة بدون أن يدخل بها فيلزم [٤].

---

(١) ابن عابدين ـ المرجع السابق جـ٣ص١١٣ ، ابن حجر ـ المرجع السابق ـ نفس الموضع ٠

(٢) سورة البقرة الآية ٢٣٧ ٠

(٣) الرملى ـ نهاية المحتاج جـ٦ص ٣٤١ ، ابن قدامة ـ المغنى جـ٧ ص١٩٤ ٠

(٤) الدسوقى ـ الشرح الكبير على مختصر خليل جـ٤ص ٢٧٨ ٠

الترجيح :

بعد عرض أقوال الفقهاء وأدلتهم يترجح القول بوجوب المهر كاملا بإزالة الزوج بكارة زوجته بإصبعه حيث إن إرخاء الستور ، وإغلاق الباب والانكشاف على العورات ، ولم يقم به أو بها مانع يمنع وقوع الوطء كاف في لزوم المهر كاملا .

## المبحث الثالث

## موقف القانون من جراحة ثقب غشاء البكارة

لما كانت هذه الجراحات - وليدة التقدم الطبى الحديث كان من الطبيعى ألا يتعرض واضعوا القانون لبيان أحكام الأمر الذى يدعوا إلى القول بأن هذه الجراحة - جراحة ثقب غشاء البكارة - لا تخضع لأى نص تجريمى بصيغة مباشرة إنما يمكن أن تنطبق عليها القواعد العامة لعمليات جراحة التجميل والتى أباحها القانون متى قامت أسبابها ، وبين حدودها ، إذ أنها تحقق مصلحة ذات أهمية لصاحبها فهى تهدف إلى تخليص الجسم من عارض غير طبيعى كما أنها لا تهدر مصلحة الجسم فى أن يسير السير الطبيعى العادى له [1] ، كما يمكن الاستئناس بالقول بإباحة مثل هذه الجراحة ، بأن القانون الجنائى حينما أباح مزاولة مهنة الطب قيد ذلك بأن تكون هى العلاج لإزالة العلة التى يعانى منها الشخص أو على الأقل التخفيف منها [2] لذلك كله ينبغى أن يراعى عند إجراء جراحة ثقب غشاء البكارة ما أشار إليه الأطباء من توصيات منها :

١ - أن يباشر هذه الجراحات الطبيب المسلم ولا يباح لغير الطبيب المسلم إجراء هذه الجراحة إلا فى حالة الضرورة.

---

(١) د. محمود نجيب حسنى - شرح قانون العقوبات - القسم العام ص١٨٩ ، الطبعة الثالثة ط دار النهضة العربية ط ١٩٧٣م ، د. محمود محمود مصطفى - القسم العام ص٨٩ ، شرح قانون العقوبات - القسم العام لنفس المؤلف .. مسئولية الأطباء بحث منشور بمجلة القانون والاقتصاد ص٢٨٦ عدد يونيو سنة ١٩٤٨ .

(٢) د. رمسيس بهنام - النظرية العامة للقانون الجنائى ص٢٤٠ ط منشاة المعارف بالإسكندرية ط ١٩٦٨م .

٢ ـ أن تتم هذه الجراحة بناء على إذن المريضة أو ذويها وأن يكون الإذن كتابيا ٠

٣ ـ أن يراعى الطبيب ترك جزء كاف من الغشاء ليقوم الزوج بفضه عند الزواج ما لم تستدعى الضرورة الطبية إزالة الغشاء بالكلية [1]٠

٤ ـ أن يحرر الطبيب شهادة طبية مرفقا بها التقارير والفحوص الطبية التى استدعت إجراء مثل هذه الجراحة ٠

---

(١) د٠ كمال فهمى ـ رتق غشاء البكارة ـ ندوة الرؤية الإسلامية ص٤٢٨ ، فى نفس المعنى د٠ محمد عبد العزيز سيف النصر ـ الطب الشرعى ص ٢٩٨ ٠

# الفصل الثانى
# التعريف بجراحة رتق غشاء البكارة
# وأسبابه اللاإرادية الشرعية
## المبحث الأول
## ماهية الرتق العذرى وأسبابه
### المطلب الأول
### ماهية الرتق العذرى

تمهيد :

تعد جراحة إعادة غشاء البكارة لدى الفتيات من الإناث وليدة تقدم العلوم التقنية الحديثة والعلوم التكنولوجيـة ، نظـرا للغـزو الفكـرى الغـربى الـذى دفـع بعض الفتيان والفتيـات الـذين خلـت قلـوبهم مـن القـيم والتعـاليم الدينيـة إلى ارتكاب الزنا أو نظرا لبعض الظروف الاجتماعية كالبطالة والمغالاة فى المهور والتى دفعت بعض الشباب إلى اغتصاب بعض الفتيات لإشباع الغريـزة الجنسـية لعـدم قدرتهم على الزواج لكثرة أعبائه المادية[1] ، أو ربما بسـبب لا دخـل للفتيـات فيـه كالوثبة أو تدفق دم حيضة أو بجراحة أو بطول تعنيس[2].

وإذا كان وجود غشاء البكارة أو عدم وجوده فى المجتمعات غير الإسلامية لا يثير مشـكلة ، بـل إن عـدم سـلامته عنـد الـزواج هـو القاعـدة السـائدة فى تلـك المجتمعات ، حيث يتقبل الرجال حدوث الإتصال الجنسى للفتيـات قبـل الـزواج كأنه أمر

---

(١) د٠ ذكى ذكى حسين زيدان ـ المرجع السابق ص٢٦٢ ٠

(٢) فى نفـس المعنـى : السرخسى ـ المبسـوط ـ جـ٥ص ٨ ط دار المعرفـة ـ بـيروت ، القـرافى ـ الـذخيرة ـ جـ٤ص٢٩١ ط دار الغرب الإسلامى ط ١٩٩٤م ٠

طبيعى مما يدعونا إلى القول بأن تدخل الأطباء لإعادة ذلك الغشاء لا يثير جدلا طبيا أو قانونيا ، عكس ذلك فإن وجود غشاء البكارة سليما عند زواج الفتاة فى المجتمعات الإسلامية أمر هام للتدليل على عذرية الفتاة [1] ، لذا فقد لقيت البكارة لدى جمهور الناس والأطباء والفقهاء عناية فائقة فى هذه المجتمعات فعرفوها ، وذكروا أسباب زوالها وفرقوا بينها وبين الثيوبة فى الأحكام وثار الجدل حول مدى مشروعية إعادتها بعد زوالها ، ولما كان حكم الشئ فرع تصوره يستدعى بنا المقام أن نلقى الضوء وأن نعرض لبيان تعريف رتق البكارة وأسباب زوالها قبل الخوض فى حكم إعادتها ٠

**الرتق فى اللغة :**

يطلق الرتق فى معاجم اللغة ويراد به السد أو اللحم أو الإصلاح ، جاء فى المصباح المنير :" رتقت الفتق رتقا : سددته " [2]٠

وجاء فى المفردات :" الرتق : الضم والإلتحام خلقة كان أم صنعة " [3]٠

وفى لسان العرب :" الرتق : ضد الفتق قال ابن سيده : الرتق : إلحام الفتق وإصلاحه [4]٠

---

(١) راجع فى سلسلة مطبوعات المنظمة الإسلامية للعلوم الطبية ـ الإسلام والمشكلات الطبية المعاصرة ندوة الرؤية الإسلامية لبعض الممارسات الطبية المنعقدة بدولة الكويت بتاريخ ٢٠ شعبان ١٤٠٧هـ ١٩٨٧/٤/١٨م ص٤٢٦ ط الطبعة الثانية ط ١٩٩٥م ٠

(٢) الفيومى ـ المصباح المنير جـ١ص ١١٥ ط المكتبة العصرية ط ١٤١٧هـ ـ ١٩٩٦م ٠

(٣) الأصفهانى ـ المفردات فى غريب القرآن ص١٩٣ ط دار المعرفة ـ بيروت ط ١٤١٨هـ ـ ١٩٩٨م ٠

(٤) ابن منظور ـ لسان العرب جـ٢ص ١٥٧٧ ط دار المعارف ٠

وبهـذا المعنـى جـاء فى التنزيـل قـال تعـالى : ﴿ أولم يـر الـذين كفـروا أن السماوات والأرض كانتا رتقا ففتقناهما ﴾ [١]٠

قيل فى تفسـير الآيـة الكريمـة : كانـت السـموات رتقـا لا ينـزل منهـا رجـع ، وكانت الأرض ليس فيها صدع قال تعـالى : ﴿والسـماء ذات الرجـع *والأرض ذات الصدع ﴾ [٢] ففتقناهما بالمطر والنبات رزقا للعبـاد ولـولا ذلـك لهلكـوا وهلكـت مواشيهم"[٣]٠

**ـ الرتق فى اصطلاح الفقهاء :**

رغم قدم اسـتعمال هـذا اللفـظ ـ الرتـق ـ وووروده فى القـرآن الكـريم إلا أن كتب فقهاء المذاهب الإسلامية قد خلت من تعريـف رتـق غشـاء البكـارة ، وقـد أرجع بعض المعاصرين ذلك إلى عدم تصورهم إمكان حدوثها [٤] ، لذا حاول بعض الفقهاء المعاصرين أن يضع تعريفا لهذه الحالة المستحدثة من الجراحات فقال :" الرتق اصلاح وانسداد وإلحام الفتق الذى يحدث للفتـاة البكـر فى مكـان عفتهـا ـ الفرج ـ بأى سبب من الأسباب عن الحالة التى كان عليها من قبل " [٥]٠

والمتأمل فى هذه العبارات يدرك أنهـا وصـف حالـة أكـثر منهـا تعريفـا لكـن يمكن الاستئناس فى صياغة تعريف لهذه الجراحة فيقال فى تعريفها :" ضـم ولحـم غشاء بكارة بعد تمزقه بسبب " [٦]٠

---

(١) سورة الأنبياء من الآية ٣٠ ٠

(٢) سورة الطارق ـ الآيتان ١١ ، ١٢ ٠

(٣) الإمام ابن كثير ـ تفسيره للقرآن العظيم جـ٤ص ٤٩٩ ط مكتبة زهران ٠

(٤) د٠ ذكى ذكى حسين زيدان ـ المرجع السابق ص٢٦٥ ٠

(٥) د٠ محمود الزينى ـ مسئولية الأطباء عن العمليات التعويضية والتجميلية والرتق العذرى فى الشريعة الإسلامية والقانون الوضعى ص١٢٥ ط مؤسسة الثقافة الجامعية بالإسكندرية ٠

(٦) فى نفس المعنى راجع : د٠ محمد خالد منصور ـ الأعمال الطبية المتعلقـة بالنسـاء فى الفقـه الإسـلامى ص٢١١ ط دار النفائس ـ الأردن ٠

**ثانيا : ماهية العذرة :**

لقد جرى العرف اللغوى والشرعى على إطلاق لفظ العذرة على غشاء البكارة ـ وهذا ما سوف يظهر جليا من عرضنا لمدلول غشاء البكارة فى اللغة والشرع ، وذلك فيما يلى :

**ـ ماهية غشاء البكارة :**

**أ ـ الغشاء فى اللغة :**

الغطاء ٠ وجمعه أغشية [١] ومنها قول الله تعالى : ﴿ ختم الله على قلوبهم وعلى سمعهم وعلى أبصارهم غشاوة ولهم عذاب عظيم ﴾ [٢]٠

والغطاء هو تلك الجلدة التى على المحل وهى العذرة ، جاء فى لسان العرب :" العذرة : الختان ، والعذرة : الجلدة التى يقطعها الختان ٠٠٠ قال ابن الأثير العذرة : ما للبكر من الالتحام قبل الافتضاض " [٣]٠

**ب ـ ماهية غشاء البكارة ـ العذرة ـ فى اصطلاح الفقهاء:**

بتتبع أقوال الفقهاء نجد أن أكثر الفقهاء يستعملون لفظ العذرة كمرادف للفظ البكارة ٠ قال العلامة الدردير :" إذا جرى العرف بالتسوية بينهما يعتبر " [٤]٠

والبكارة ـ بالفتح ـ عذرة المرأة وهى الجلدة التى على القبل والبكر من النساء التى لم تمس قط ومنه قوله تعالى : ﴿إنا

---

(١) الرازى ـ مختار الصحاح ص٤٧٥ ـ ط دار الكتب العلمية ٠

(٢) سورة البقرة الآية ٧ ٠

(٣) ابن منظور ـ لسان العرب جـ٤ص ٢٨٥٨ مادة عذر ، نفس المعنى : الأصفهانى ـ المفردات فى غريب القرآن ص ٣٣١ ٠

(٤) العلامة أبى البركات الدردير ـ الشرح الكبير على حاشية الدسوقى جـ٢ ص ٢٨١ ط الحلبى ٠

أنشأناهن إنشاء *فجعلناهن أبكارا ﴾ [1] وقد عرف الحنفية البكر بقولهم :" البكر إسم لامرأة مصيبها يكون أول مصيب لها"[2]٠

والبكر عند المالكية :" التى لم تذهب عذرتها بوطء مباح أو وطء شبهة بنكاح أو ملك يمين [3] ، وقد عرف الإمام الماوردى الثيب بأنها التى زالت عذرتها [4] فيفهم من هذا أن البكر التى لم تزل عذرتها ، وقد صرح بذلك الحنابلة [5]٠

**جـ ـ ماهية غشاء البكارة ـ العذرة لدى الأطباء ـ :**

يعد الأطباء من أكثر الناس إطلاعا على الأجزاء الدقيقة فى جسد الإناث بحكم مهنتهم وبعد الدراسة النظرية والممارسة العملية استطاعوا أن يعرفوا ـ العذرة ـ بأنها غشاء رقيق يزيد فى سمكه قليلا عن طبلة الأذن يوجد على بعد حوالى نصف سنتيمتر أو يزيد من سطح الفتحة الخارجية لفرج المرأة، ويحتوى على فتحات صغيرة لخروج دم الحيض [6]٠

أما عن الوصف التشريحى لغشاء البكارة ، فهو عبارة عن ألياف وأوعية دموية رقيقة وعدد كثير من الأعصاب الرفيعة ، وجدرانه عبارة عن نسيج أسفنجى انتصابى ، يبدأ

---

(١) سورة الواقعة ـ الآية ٣٦ ٠

(٢) الكمال بن الهمام ـ شرح فتح القدير جـ٣ص ٣٧٠ ط دار الفكر ط ١٣٩٧هـ ، السرخسى ـ المبسوط جـ٥ص ٧ ط دار المعرفة ٠

(٣) الباجى ـ المنتقى جـ٥ص ٢٢ ط دار الكتب العلمية ٠

(٤) الماوردى ـ الحاوى ـ جـ١١ص ٩٦ ط دار الفكر ط ١٩٩٤م ٠

(٥) البهوتى ـ كشاف القناع جـ٥ص ٤٧ ٠

(٦) د٠ محمد عبد العزيز سيف النصر ـ الطب الشرعى العملى والنظرى ص٢٨٩ ط مكتبة النهضة المصرية ط ١٩٦٠م ، فى نفس المعنى د٠ أيمن الحسينى ـ هموم البنات ص٥ ط مكتبة ابن سينا ٠

تكوينه فى مراحل تكون أجهزة الجنين للأنثى داخل رحم الأم ، ولذلك فهو يستمد غذائه من أوعية دموية فى الأجنة [(١)] ٠

هذا وقد شبه بعض الأطباء هذا الغشاء بفتحة ضيقة فى تجويف واسع حيث ذكروا أن المهبل عبارة عن تجويف ظاهرى توجد به ثنايا تحدها جذر ملتصقة ببعضها من الخلف إلى الأمام ، ويصنع هذا الغشاء حجابا لهذا التجويف ، ويكون فى حالة انثناء على بعضه عندما يتلاصق الفخذان ، وفى حالة انبساط وتمدد عند ابتعادهما مما يجعل المهبل بمثابة الجزء المتسع من قمع وغشاء البكارة بمثابة الجزء الضيق منه [(٢)] ٠

ويمكن أن توجد نساء بدون غشاء البكارة ولكن ذلك قليل الحدوث ، وقد يصل إلى نسبة ٤% ويعتبر الأطباء ذلك إن حدث مثل عيبا خلقيا [(٣)] ٠

ـ مما سبق عرضه من تعريف وبيان ماهية الرتق العذرى ـ جراحة إعادة غشاء البكارة ـ يتبين أن تعريفات فقهاء الشريعة اعتمدت على أخبار النساء ـ الاستقصاء ـ لذا فقد كانت غير كاشفة عن حقيقة الغشاء ، وترددت بين التعبير عنه بالجلدة التى على المحل أو بالغطاء ٠ عكس ذلك فقد كشف الأطباء النقاب عن حقيقة هذا الغشاء ، وما ذلك إلا لاتصالهم بهذه الجراحات ، لذا فقد وصفوا الغشاء وصفا كاشفا عن حقيقته ، وبينوا أنواعه وخواصه ، وقد جاءت عباراتهم فيها على حسب ما فعل كل منهم من هذه الجراحات ، أو زاد ، كما أنه قد تيسر للأطباء ما لم يتيسر لغيرهم بعد ظهور وتقدم الأشعة الكاشفة لأعضاء الإنسان ، وأجهزة تكبير الصغير وإظهار ما دق وخفى ٠

---

(١) د٠ محمود بك صدقى ، د٠ محمد بك أمين ـ إرشاد الخواص فى التشريح الخاص ص٦٢٩ ط الأميرية ط ١٣٠٤هـ ٠

(٢) د٠ محمد عبد العزيز سيف النصر ـ المرجع السابق ص٢٩٠ ٠

(٣) د٠ أسامه أبو طالب ـ الجنس بين الحياة والدين ص٤٥ ط ١٤١٩هـ ـ ١٩٩٨م ط دار الأمين ، د٠ أيمن الحسينى ـ المرجع السابق ـ ص٥

المطلب الثانى
أسباب تمزق العذرة ـ غشاء البكارة ـ

**تمهيد:**

البكارة كسائر أجزاء الجسد معرضة لأن تصاب بتلف كلى أو جـزئى ، نتيجـة حادث مقصود ، أو غير مقصود ، بسبب آفة سماوية ، أو بسبب تصرف إنسانى ، فتمزق غشاء البكارة يحدث غالبا نتيجة أول إيلاج بطريق شرعـى كمـا فى الـزواج أو بطريق غير شرعى كما فى الاغتصاب والزنى ، كما قد يحدث تمزق الغشاء لحالة ضرورية تستدعى إزالته كأن يكون مطاطيا لا يسمح بمرور ذكر الرجل ، أو عـدم نفاذ دم الحيض ، أو وجود حالة مرضية تستدعى الإزالة كوجـود ورم فى الـرحم ، يلزم لمعرفة نوعه فض الغشاء ، وقد سبق التعرض لبيان موقف الشرـع والقـانون من هذه الأسباب ، كما قد يحدث تمزق العذرة بسبب لا دخل لفتاة فيه كالوثبـة ، والسقطة من علو ، وتدفق دم حيض ، وعلى ذلك يمكـن إجمـال أسبـاب تمـزق العذرة فى أسباب إرادية شرعية أو غير شرعية ، أو أسباب لا إرادية ، وسوف نعرض لبيان هذه الأسباب بمزيد من الإيضاح ٠


**الأسباب اللاإرادية لتمزق غشاء البكارة**
**وحكم جراحة الرتق العذرى لها**

يقصد بالأسباب اللاإرادية الحوادث والآفات والمصائب التـى تصيب الفتـاة فتؤدى إلى تمزق بكارتها دون أن يكون دخل للفتاة فى حـدوثها ويمكـن تقسيم هذه الأسباب إلى نوعين : أسباب شرعية ، وأسبـاب غير شرعيـة ، وسـوف نتنـاول بيانهما فيما يلى:

الأسباب اللاإرادية الشرعية لتمزق غشاء البكارة :

وهى الأسباب التى لا تعتبر فى ذاتها معاصى ، ولا يترتب عليها إثم أخروى ، ولا دخل لإرادة الفتاة فى حدوثها ، وقد مثل الفقهاء لذلك بالوثبة وطول العنوسة ، وكثرة دم الحيض والحمل الثقيل والإصبع والرياضة كركوب الخيل والدراجات والسيارات أو العمليات التى يكون الغشاء محلا لها كنزيف أو استئصال أورام ، ولقد أشار فقهاء الشريعة الإسلامية إلى هذه الأسباب فى كتبهم .

النصوص الفقهية :

جاء فى المبسوط :" ولو زالت بكارتها بالوثبة أو الطفرة أو بطول التعنيس ٠٠٠ نقول هى بكر لأن مصيبها أول مصيب إلا أنها ليست عذراء "[1] .

وجاء فى الهداية :" وإذا زالت بكارتها بوثبة أو حيضة أو جراحة أو تعنيس فهى فى حكم الأبكار "[2] .

وجاء فى الذخيرة :" وإذا قال : لم أجدك بكرا عذراء لا يحد ولا يلاعن ؛ لأن العذرة تذهب بالوثبة والحيض والتعنيس"[3] .

وجاء فى روضة الطالبين :" ولو زالت بكارتها بسقطة أو إصبع أو حدة الطمث أو طول التعنيس ٠٠٠ فبكر على الصحيح "[4] .

وجاء فى الحاوى :" وزوال العذرة على ثلاثة أقسام ـ الثالث أن تزول خلقة وهى أن تخلق لا عذرة لها فلا خلاف أنها فى حكم البكر "[5] .

---

(١) السرخسى ـ المبسوط جـ٥ص ٨٠
(٢) المرغينانى ـ الهداية جـ١ص ١٩٢ ط الحلبى ـ بدون تاريخ ٠
(٣) الإمام القرافى ـ الذخيرة ـ جـ٤ص ٢١٨ ٠
(٤) النووى ـ روضة الطالبين ـ جـ٥ص ٥٤ ٠
(٥) الماوردى ـ الحاوى ـ جـ١١ص ٩٨ ٠

وجاء فى المغنى :" وإن ذهبت عذرتها بغير جماع كالوثبة أو شدة حيضة أو بإصبع أو عود ونحوه ، فحكمها حكم الأبكار"[1].

وجاء فى الإنصاف :" فأما زوال البكارة بإصبع أو وثبة فلا تغير صفة الإذن "[2].

**خلاصة أسباب زوال العذرة ـ غشاء البكارة ـ وأثرها على تغير صفة من زالت عذرتها ـ :**

مما سبق عرضه من النصوص نستطيع القول بأن الأسباب اللاإرادية الشرعية لزوال العذرة هى ما كانت بغير جماع وتتمثل فى الوثبة وطول التعنيس أو الحيضة أو الجراحة أو الإصبع أو أن تخلق بغير عذرة ، وفى أثر هذه الأسباب على تغير صفة الإبكار فى الفتاة ـ اختلف الفقهاء ـ ويمكن حصر الخلاف فى رأيين .

**الرأى الأول** : يرى جمهور الفقهاء من الحنفية والمالكية والمشهور عند الشافعية والحنابلة : إلى أن صفة الإبكار لا تزول عمن زالت بكارتها بهذه الأسباب لعدم المباضعة والمخالطة ، وأن التى تخلق لا عذرة لها هى بكر حقيقة وحكما[3].

وفى تعليل حكم الإبكار يقول ابن قدامة :" لأنها لم تختبر المقصود ، ولا وجد وطؤها فى القبل فأشبهت من لم تزل عذرتها " [4].

---

(١) ابن قدامة ـ المغنى مع الشرح الكبير جـ٧ص ٢٨٧ .

(٢) المرداوى ـ الإنصاف جـ٨ص ٦٢ ط دار الكتب العلمية بيروت ط ١٤١٨هـ ـ ١٩٩٧م .

(٣) ابن عابدين ـ رد المحتار جـ٢ ص ٣٠٢ ، الدسوقى ـ حاشيته على مختصر خليل جـ٢ص ٢٨١ ، النووى ـ روضة الطالبين جـ٥ ص ٤٠١ ، ابن قدامة ـ المغنى جـ٩ص ٢١٤ .

(٤) ابن قدامة ـ الموضع السابق .

**الرأى الثانى** : ذهب بعض الشافعية إلى أن الفتاة إذا زالت عـذرتها بوثبـة أو نحوها تصير ثيبا واحتج بأن زوال البكارة بأى سبب يجعلها ثيبا [1] .

## الترجيح :

لا يخفى رجحان ما ذهب إليه الجمهـور مـن أن هـذه الأسـباب لا تـؤثر فى صفة الإبكار ، لأنه لا يعتد عندهم بزوال البكارة بما لا دخل للفتاة فيه إنما العـبرة بزوالها فى معاشرة بين رجل وامرأة [2] .

---

(١) النووى ـ المجموع ـ جـ١٧ص ٢٦٧ .

(٢) راجع كتب الفقهاء فى المراجع المشار إليها فى هامش ٣ ص ٣٧ .

# المبحث الثانى
# طرق إثبات فقد العذرية
## المطلب الأول
## طرق إثبات فقد العذرية فى الفقه الإسلامى

الأصل فى عذرية الفتاة فى الفقه الإسلامى هو السلامة وعدم انتهاك حرمتها ، وعلى هذا فإن الإدعاء بفقد العذرية نتيجة عارض من العوارض التى لا دخل لإرادة الفتاة فيها يكون على خلاف الأصل ، وتكون البينة وحدها هى الدليل والحجة على هذا الإدعاء ، ونظرا لأن فقد العذرية من الأمور التى تختص بالنساء ولا يطلع عليها الرجال ، فإن شهادتهن هى المعول عليها شرعا فى هذا المجال - ومما يقتضيه البحث هو معرفة نصاب هذه الشهادة ، ومن قبله تعريف الشهادة .

**تعريف الشهادة :**

**الشهادة فى اللغة :**

تطلق الشهادة فى اللغة ويراد بها : الإخبار والإعلام والبيان ، جاء فى معجم الوجيز : الشهادة أن يخبر بما رأى[1] .

وفى لسان العرب : يقال : شهد الشاهد عند الحاكم أى بين وأظهر ما يعلمه[2] .

**- الشهادة فى اصطلاح الفقهاء :**

لقد اختلفت تعبيرات الفقهاء فى تعريف هذا الطريق من طرق الإثبات فقد جاء فى الفتاوى الهندية :" الشهادة إخبار صدق لإثبات حق بلفظ الشهادة فى مجلس القضاء "[3] ، وجاء

(١) مجمع اللغة العربية - معجم الوجيز - ص٣٥٢ مادة "شهد" ط ١٩٩٨

(٢) ابن منظور - لسان العرب جـ٤ص ٢٣٤٧ مادة " شهد" .

(٣) علماء الهند - الفتاوى الهندية جـ٣ص ٤٥٠ ط المطبعة الكبرى ط ١٤١٠هـ .

فى الاختيار :" الشهادة فى الشرع : الإخبار عن أمر حضره الشهود وشاهدوه إما معاينة كالأفعال نحو القتل والزنا ، أو سماعا كالعقود والإقرارات " [1] وجاء فى حاشية الدسوقى :" الشهادة هى إخبار حاكم عن علم ليقضى بمقتضاه أى إخبار الشاهد الحاكم إخبارا ناشئا عن علم لا عن ظن أو شبهة "[2]٠

وجاء فى حاشية الجمل :" الشهادة : إخبار بحق للغير على الغير بلفظ أشهد " وقيل هى : إخبار عن شئ بلفظ خاص " [3]٠

وإن اختلفت ألفاظها فهى متحدة فى معناها من حيث أن الشهادة : إخبار حاكم عن أمر عاينه الشهود كالزنا أو سمعوه كالعقود ليقض الحاكم بمقتضاه ، وأنه يشترط فى الشهادة أن تكون ناشئة عن علم لا عن ظن ، كما يتعين أن تكون بلفظ " أشهد" ٠

**ثانيا : نصاب الشهادة لإثبات فقد العذرية :**

اتفق الفقهاء على أن شهادة النساء هى المعتبرة فيما لا يطلع عليه الرجال ، لكنهم اختلفوا فى نصاب هذه الشهادة ، ويمكن حصر الخلاف فى ثلاثة أقوال :

**القول الأول :** ذهب الحنفية والحنابلة إلى قبول شهادة المرأة الواحدة فى إثبات فقد العذرية ، جاء فى المبسوط :"وشهادة المرأة الواحدة فيما لا يطلع عليه الرجال حجة تامة ٠٠ ويكتفى بها لأجل الضرورة ٠٠٠ " ، وجاء فى الإنصاف :

---

(١) الموصلى ـ الاختيار لتعليل المختار جـ٢ص ١٣٩ ط دار الجيل ط ١٤٢١هـ ٠

(٢) الدسوقى ـ حاشيته على الشرح الكبير جـ٤ص ١٦٤ وما بعدها ٠

(٣) الشيخ سليمان الجمل ـ حاشية الجمل جـ٥ص ٣٧٧ ط دار الفكر ٠

" قوله والخامس ما لا يطلع عليه الرجال كعيوب النساء ٠٠٠ والبكارة فيقبل منه شهادة امرأة واحدة ٠٠ وهذا المذهب مطلقا بلا ريب[١]٠

**القول الثانى :** ذهب المالكية إلى عدم إثبات فقد العذرية بأقل من امرأتين[٢]٠

جاء فى حاشية الدسوقى :" وما كان بفرجها فهى مصدقة فيه فإن رضيت برؤية النساء له كفى فيه امرأتان [٣]٠

وجاء فى الذخيرة :" كل ما لا يطلع عليه الرجال ٠ حكم امرأتين فيه حكم الرجلين ولا يحتاج إلى يمين كعيب بالفرج ، والسقط وعيوب النساء والرضاع وزوال البكارة " [٤]٠

**القول الثالث :** ذهب الشافعية إلى أن نصاب الشهادة فى إثبات فقد العذرية أربع نسوة [٥] ، جاء فى روضة الطالبين:" ما لا يطلع عليه الرجال ، وتختص النساء بمعرفته غالبا كالولادة والبكارة والثيوبة والرتق ٠٠٠ فكل هذا لا يقبل فيه إلا أربع نسوة أو رجلين أو رجل وامرأتين [٦]٠

---

(١) السرخسى : المبسوط جـ٦ص ٤٩ ، ١٠٧ ـ دار المعرفة ، الكمال بن الهمام ـ فتح القدير جـ٧ص ٣٧٣ ، ابن قدامة ـ المغنى ـ جـ١٢ ص ١٦ ، المرداوى ـ الإنصاف جـ١٢ص٨٧ ـ دار إحياء التراث العربى ٠

(٢) الدسوقى ـ حاشيته على الشرح الكبير جـ٤ص ١٨٨ ٠

(٣) الدسوقى ـ المرجع السابق ـ نفس الموضع ٠

(٤) القرافى ـ الذخيرة جـ١٠ص ٢٥٠ ، الطبعة الأولى ١٩٩٤م ، تحقيق الأستاذ محمد خبزه ـ دار الغرب الإسلامى ٠

(٥) الرملى ـ نهاية المحتاج جـ٨ص ٣١٢ ـ الشربينى الخطيب ـ مغنى المحتاج جـ٤ص ٤٤٢ ٠

(٦) النووى ـ روضة الطالبين جـ١٠ص ٣٠ ط دار الفكر ٠

## الأدلـــــــــة

### أدلة القول الأول :

استدل الحنفية والحنابلة على قولهم بقبول شهادة المرأة الواحدة فى إثبات فقد العذرية بالسنة والمعقول ٠

**أما السنة فمنها :**

١ ـ ما أخرجه البخارى عن عقبة بن الحارث أنه قال :" تزوجت امرأة ، فجاءتنا امرأة سوداء ٠ فقالت : أرضعتكما ، فأتيت النبي صلى الله عليه وسلم فقلت :" تزوجت فلانة بنت فلان ، فجاءتنا امرأة سوداء فقالت :" إنى قد أرضعتكما ، وهى كاذبة ، فأعرض عنى ، فأتيته من قبل وجهه فقلت : إنها كاذبة ، قال : كيف بها وقد زعمت أنها قد أرضعتكما، دعها عنك " [(١)]٠

**وجه الدلالة :** " الحديث صريح فى قبول النبى صلى الله عليه وسلم شهادة المرأة الواحدة فى إثبات التفريق بالإرضاع ، والإرضاع مما لا يطلع عليه الرجال ، وفقد العذرية فى معناه ، فتقبل فيه شهادة المرأة الواحدة كالإرضاع ٠

**وأما المعقول :**

فقد استدل الحنفية والحنابلة على قولهم : قبول شهادة المرأة الواحدة فى إثبات فقد العذرية بالمعقول فقالوا : أن الشهادة على فقد العذرية إطلاع على عورات النساء يسقط اعتبار العدد فيها، كما سقطت الذكورة فيها ليخف النظر [(٢)]٠

---

(١) الحديث أخرجه البخارى فى صحيحه بشرح فتح البارى جـ٤ص ٢٩١ ، ٢٩٢ برقم ٢٠٥٢ باب تفسير المشبهات من كتاب البيوع ، جـ٩ ص ١٥٢ باب شهادة المرضعة من كتاب النكاح ، وأخرجه الترمذى فى سننه جـ٢ ص ٣١٠ برقم ١١٦١ باب شهادة المرأة الواحدة فى الرضاع٠

(٢) فى نفس المعنى ـ المرغينانى ـ الهداية جـ٣ص ١١٧ ، الموصلى ـ الإختيار لتعليل المختار جـ٢ص ١٤٠ ، المغنى جـ١٢ص ١٦ ٠

**أدلة القول الثانى :**

استدل المالكية على ما ذهبوا إليه من عدم قبول أقل من شهادة امرأتين فى إثبات فقد العذرية بالمعقول فقالوا :

أن الشهادة رتبت فى الشرع على حسب الأشياء المشهود بها وتأكدها وضعفها وإمكان التوصل لإثباتها ٠

ـ أن الشهادة لإثبات فقد العذرية شهادة إثبات حق ونصاب الشهادة لإثبات الحق كالقتل وغيره من حقوق الأبدان شاهدان رجلان ، ولا تثبت بشهادة رجل واحد ، وإذا لم تقبل شهادة من رجل واحد ، فشهادة امرأة واحدة أولى [١] ٠

**أدلة القول الثالث :**

استدل الشافعية على ما ذهبوا إليه من أن نصاب الشهادة فى إثبات فقد العذرية أربع نسوة بالأثر والمعقول ٠

**أما الأثر :**

فهو ما روى عن الزهرى أنه قال : مضت السنة أن شهادة النساء فيما لا يطلع عليه غيرهن من ولادات النساء وعيوبهن [٢] ٠

**والمعقول :**

أنه إذا قبلت شهادتهن فى ذلك منفردات ، فقبول الرجلين والرجل والمرأتين أولى [٣] ٠

---

(١) فى نفس المعنى : عبد الوهاب على بن نصر المالكى ـ المعونة على مذهب عالم المدينة ـ جـ٢ص ٤٥٢ وما بعدها ط دار الكتب العلمية ط ١٤١٨هـ ـ ١٩٩٨م ٠

(٢) ابن أبى شيبة ـ المصنف فى الأحاديث والآثار جـ٤ص ٣٣٤ ، باب ما يجوز فيه شهادة النساء ط دار الفكر ط ١٤٠٩هـ ١٩٩٨م ٠

(٣) الشربينى الخطيب ـ مغنى المحتاج جـ٤ص ٤٤٢ ٠

الترجيح :

مما سبق عرضه من أقوال الفقهاء ، وأدلتهم نـرى أن إثبـات فقـد العذريـة مما لا يطلع عليه الرجال ، وللقاضى سلطة تقديرية فى إثباته ، فإذا حصـل اليقـين بشهادة المرأة الواحدة ، حكم بمقتضى هذه الشهادة ، فإن لم تطمئن نفسـه أخـذ بشـهادة مـا يـراه كافيـا لرضـا نفسـه لقولـه تعـالى : ﴿ ممـن ترضـون مـن الشهداء﴾[1] .

_____

(١) سورة البقرة ، من الآية ٢٨٢ .

## المطلب الثانى

## طرق إثبات فقد العذرية فى الطب الشرعى

العلامة الأكيدة التى يتم عن طريقها معرفة وجود تمزق فى غشاء البكارة من عدمه هو مشاهدة التمزق ذاته كما أن هناك علامات حيوية تحدث فى المنطقة مثل الجرح مكان التمزق أو التغييرات الالتئامية ، وكل ذلك يمكن عن طريق فحص الفتاة بطرق الفحص الحديثة ويعبر عن كل ما سبق بمصطلح :" فحص وتفحص من فقدت عذريتها على أن يتم الفحص فى ضوء كاف وبحيث ترقد الفتاة على ظهرها فوق منضدة الكشف مع ثنى ركبتيها وإبعاد الفخذين وفتحهما قليلا ويتم فحص غشاء البكارة ومشاهدة فتحة المهبل [1] ، وذلك لتحديد سبب فقد العذرية ، بسبب لا إرادى أم تم عن طريق الاغتصاب ، على أن يقوم الطبيب أو الطبيبة بكتابة تقرير يثبت فيه كل ما يفيد فى تحديد هذا الأمر ، بشرط أن يوقع أهل الخبرة الذين اطلعوا على حالة الفتاة ، وبذلك يعد هذا التقرير بمثابة الشهادة من أهل الخبرة فى هذا المجال ، وعلى ذلك يكون إثبات فقد العذرية فى الطب الشرعى قد يحدث بشهادة امرأة واحدة متخصصة وهو ما قال به الحنفية والحنابلة ، إلا إذا تعذر أو التبس الأمر على الواحد أو الواحدة فيمكن الاستعانة بما يحصل به الاطمئنان بما يوافق مذهب المالكية أو الشافعية .

---

(١) راجع فى هذا رأى د / صلاح هاشم فى مجلة روزاليوسف العدد رقم ٣٦٧٢ بتاريخ ١٩٩٨/١٠/٢٦م السنة الرابعة والسبعون ص٢٢ .

## الموازنة بين الفقه الإسلامى والطب الشرعى

مما سبق عرضه من بيان موقف الفقه الإسلامى والطب الشرعى فيما يتعلق بطرق إثبات فقد العذرية يتبين لنا موافقة الطب الشرعى لما ورد فى النصوص الفقهية من أنه يكفى شهادة امرأة واحدة لإثبات فقد العذرية إلا إذا تعذر أو التبس على الطبيبة أو الطبيب فيمكن الاستعانة بما يحصل به الاطمئنان للقول بزوال بكارة الفتاة وذلك بفحص الفتاة بالطرق المتبعة فى هذا الشأن ٠

## الفصل الثالث

## الأسباب اللاإرادية غير الشرعية لفقد العذرية

**المبحث الأول : فى تعريف الإغتصاب ٠**

المطلب الأول : الإغتصاب فى الفقه الإسلامى ٠

المطلب الثانى : فى تعريف الإغتصاب فى القانون الوضعى ، وعلة تجريمه ٠

**المبحث الثانى : أركان جريمة الإغتصاب ٠**

المطلب الأول : الركن المادى ـ الإتصال الجنسى ـ ٠

المطلب الثانى : إنعدام رضا المجنى عليها وصوره فى الفقه الإسلامى والقانون ٠

المطلب الثالث : الركن المعنوى ـ القصد فى الفقه الإسلامى والقانون ٠

**المبحث الثالث : حكم جراحة إعادة غشاء البكارة للمغتصبة٠**

المطلب الأول : المصالح التى تعد جراحة الرتق مظنة لها٠

المطلب الثانى : حكم جراحة إعادة غشاء البكارة للاغتصاب ٠

## المبحث الأول
## في تعريف الإغتصاب

سبق القول بأن تمزق غشاء البكارة قد يكون نتيجة حـادث غـير مقصـود لا
يعد معصية كالوثبة والسقطة وتدفق دم الحيض أو التعنيس ، وقد سـبق بيـان
طرق إثباته وأثره على وصف الثيوبة والبكارة ، كما قد يكون تمزق غشـاء البكـارة
نتيجة حادث مقصود يعد معصية في جانبين كالزنـا وهـو مـا سـوف نخصـص لـه
مبحثا مستقلا لبيان أحكامه ، كما قـد يكون الحـادث بعد معصـية مـن جانـب
واحد ـ كالإغتصاب ـ ودراسـة هذه الحالة تتطلب بيـان الحكـم الشرعى لعمليـة
الرتق العذرى في حالة الاغتصاب ، ومن قبل بيان ماهية الإغتصاب ، وأثره عـلى
وصف الثيوبة والبكارة ، وذلك فيما يلى :

## المطلب الأول

## تعريف الإغتصاب فى الفقه الإسلامى

**١ ـ الإغتصاب فى اللغة :**

الغصب فى المال أو غيره يطلق ويراد به : أخذ الشئ ظلما وهو أصل فى المال ، واستعير للجماع ، وهى كما يقول صاحب المصباح المنير استعارة لطيفة ، يقال : غصبها نفسها إذا واقعها كرها [١] ، وقد ورد الغصب فى القرآن الكريم بهذا المعنى قال تعالى : ﴿ وكان وراءهم ملك يأخذ كل سفينة غصبا﴾ [٢] .

**٢ ـ الاغتصاب فى اصطلاح الفقهاء :**

ـ لم يرد فى كتب فقهاء الشريعة الإسلامية القدامى فيما تيسر لنا الإطلاع عليه ما يصلح أن يكون تعريفا لجريمة الاغتصاب ، إلا أنه قد وردت بعض النصوص الفقهية التى تبين حكم المستكرهة على الزنا ، وبينت الوسائل التى يتحقق بها الاغتصاب بما يمكن الاستئناس بها فى وضع تعريف للاغتصاب ، وسوف نعرض لذكر بعض هذه النصوص فيما يلى :

**ـ المذهب الحنفى :**

جاء فى حاشية ابن عابدين :" وفى جانب المرأة يرخص لها الزنى بالإكراه الملجئ ٠٠ لا بغيره لكنه يسقط الحد فى زناها لا زناه " ، وجاء فيه " لم يحل له أى دفع الجارية لأن هذا ليس إكراها حتى يرخص لها بالزنى " [٣] ٠

---

(١) الفيومى ـ المصباح المنير جـ٢ص ٤٤٨ مادة غصب فى نفس المعنى : ابن منظور ـ لسان العرب جـ٥ص ٣٢٦٢ ، مادة غصب ٠

(٢) سورة الكهف من الآية ٧٩ ٠

(٣) الحصفكى ـ الدر المختار شرح تنوير الأبصار أعلى حاشية ابن عابدين جـ٦ص ١٣٧ ط الحلبى ، حاشيته جـ٦ص ١٤٢ ـ دار الفكر ـ بيروت ـ الطبعة الثانية ١٣٨٦هـ ٠

وجاء فى المبسوط :" كما لو زنى بصبية أو مجنونة أو نائمة يقام عليه الحد ، وإن لم يجب عليها "[1].

**المذهب المالكى :**

جاء فى المدونة :" قلت أرأيت لو أن رجلا غصب امرأة أو زنى بصبية مثلها يجامع ، أو زنى بمجنونة أو أتى نائمة أيكون عليه الحد والصداق جميعا فى قول مالك ، قال مالك : فى الغصب إن الحد والصداق يجتمعان على الرجل[2].

**المذهب الشافعى :**

جاء فى التهذيب :" إن زنى عاقل بمجنونة أو بالغ بصبية أو زنى رجل بامرأة نائمة ، أو أكرهها فزنى بها يجب الحد على الرجل ، ولا يجب على المرأة "[3].

**ـ المذهب الحنبلى :**

جاء فى شرح منتهى الإرادات : ولا حد إن أكرهت مكلفة على الزنى ، أو أكره ملوط به على اللواط بإلجاء بأن غلبهما الواطئ على أنفسهما ، أو بتهديد بنحو قتل أو ضرب أو بمنع طعام أو منع شراب مع اضطرار ونحوه "[4].

**ـ المذهب الظاهرى :**

جاء فى المحلى :" فلو أمسكت امرأة حتى زنى بها ، أو أمسك رجل فأدخل إحليله فى فرج امرأة فلا شئ عليه ولا

---

(١) السرخسى ـ المبسوط جـ٩ص ٥٤ ط دار المعرفة .

(٢) الإمام مالك ـ المدونة الكبرى ـ جـ٤ص ٤٠١ ط دار الفكر .

(٣) الإمام البغوى ـ التهذيب فى فقه الإمام الشافعى جـ٧ص ٣٢٠ ط دار الكتب العلمية ط ١٤٩٨هـ ، ١٩٩٧م .

(٤) البهوتى ـ شرح منتهى الإرادات جـ٣ص ٣٤٦ ط أنصار السنة المحمدية ط ١٣٦٦هـ ـ ١٩٤٧م .

عليها ؛ لأنهما لم يفعلا شيئا أصلا أحب أم أكره لا اختيار له فى ذلك "[١].

**الشيعة الزيدية :**

جاء فى البحر الزخار :" ولا يباح الزنى بالإكراه إجماعا ، ويصح إكراه المرأة فيسقط الحد والإثم حيث لا تمكن من الدفع"[٢].

**الشيعة الإمامية :**

جاء فى مسائل الشيعة " يسقط الحد عن المرأة المستكرهة على الزنى ولو بأن تمكن من نفسها خوفا من الهلاك عند العطش وتصدق إذا ادعت "[٣].

**ـ مذهب الإباضية :**

جاء فى المدونة الصغرى :" وأخبرنى من سأل الربيع بن حبيب عن الحر يستكره الحرة أعليه الحد والصداق ٠ صداق مثلها ؟ فلم يختلفوا جميعا أنه لا حد على المرأة ، والحدود والصداق على الرجل "[٤].

فهذه النصوص وإن لم تتعرض لتعريف الإغتصاب صراحة ، إلا أنها تساعد فى صياغة تعريف له بما يمكن القول بأن الإغتصاب هو عبارة عن اتصال محرم يقع من الرجل على المرأة رغما عنها ، أو دون رضا صحيح منها " وهذا التعريف كما يقول بعض الفقهاء المعاصرين لا يختلف عن

---

(١) ابن حزم ـ المحلى ـ جـ٨ص ٣٣١ ط دار الآفاق الجديدة ـ بيروت

(٢) ابن المرتضى ـ البحر الزخار ـ جـ٦ص ١٤٤ وما بعدها ٠

(٣) العاملى ـ رسائل الشيعة إلى تحصيل مسائل الشريعة جـ١٨ص ٣٨٢ ط دار إحياء التراث العربى ـ بيروت ٠

(٤) الشيخ بشر بن غانم الخراسانى ـ المدونة الصغرى جـ٢ص ٧٩ ط وزارة التراث القومى ـ سلطنة عمان ط ١٤٠٤هـ ، ١٩٨٤م ٠

تعريف الزنى إلا بفقد عنصر الرضا وصريح عبارته " أن جريمة الاغتصاب عبارة عن ارتكاب جريمة الزنى بالمفهوم الشرعى مضافا إليه حمل المرأة على المواقعة دون رضاها ، أى جبرا عنها " [1] .

كما يفهم من النصوص السابقة ـ اتفاقهم جميعا على أنه لا حد على المغتصبة المستكرهة ، وأن على المغتصب الحد ، لأنه زان ، واختلفوا فى وسائل الاغتصاب ، فنجد أن الحنفية والمالكية والشافعية والحنابلة قد توسعوا فى وسائل الاغتصاب فعدوا الإكراه من أقوى الوسائل ، بجانب النوم ، والجنون ، والصغر ، والجوع ، والعطش والاضطرار ، هذا على خلاف الظاهرية والزيدية والإباضية الذين ضيقوا مفهوم الاغتصاب ، فالجريمة عندهم ما وقعت بالإكراه دون سواه .

---

(١) د. محمد الشحات الجندى ـ جريمة اغتصاب الإناث فى الفقه الإسلامى مقارنا بالقانون الوضعى ص٤٥ ط دار النهضة العربية ط ١٤١٠هـ ـ ١٩٩٠م .

## المطلب الثانى
## تعريف الاغتصاب
## وعلة تجريمه فى القانون الوضعى

عرض القانون لجريمة الإغتصاب وعقوبتها ، وذلك فيما نصت عليه المادة (٢٦٧) من قانون العقوبات المصري بقولها: " يعاقب من واقع أنثى بغير رضاها بالأشغال الشاقة المؤبدة أو المؤقتة ، فإذا كان الفاعل من أصول المجنى عليها أو من المتولين تربيتها أو ملاحظتها أو ممن لهم سلطة عليها ، أو كان خادما بالأجرة عندها أو عند ممن تقدم ذكرهم يعاقب بالأشغال الشاقة المؤبدة " ٠

**ويلاحظ على هذا النص ما يلى :**

١ ـ أنه صريح فى اعتبار الاغتصاب وقاع أنثى بغير رضاها ٠

٢ ـ أن المشرع عرض لأحكام الاغتصاب من حيث أنه أعطى القاضى سلطة تقديرية فى عقاب المغتصب بالأشغال الشاقة المؤبدة أو المؤقتة متى كان من غير أصول المجنى عليها أو من المتولين تربيتها أو ملاحظتها أو من الخدم ، وأسقط هذه السلطة التقديرية للقاضى وقرر عقوبة الأشغال الشاقة المؤبدة متى كان المغتصب من أصول المجنى عليها أو ممن يتولى تربيتها ، أو كان خادما عندها ، أو عند أصولها ، ورغم أن الفقه يملك من وسائل المقارنة والتأصيل ما يجعله أكثر قدرة على تعريف المصطلحات ، إلا أن تعريفات فقهاء القانون والطب للاغتصاب لم تخرج عن فحوى ما ورد فى النص القانونى، بل إن البعض لم يزد على ما ورد بالنص ٠

فقد عرف البعض الاغتصاب بأنه :" مواقعة أنثى بغير رضاها "[1]٠

ـ وعرفه بعض الفقهاء القانونيين بأنه : " اتصال الرجل جنسيا بالمرأة كرها عنها "[2]٠

ويؤخذ على هذا التعريف بأنه قصر حالة الاغتصاب على حالة الإكراه فقط دون أن يتعرض لحالة الجنون والصغر التى فى الإمكان أن تكون وسائل للاغتصاب دون إكراه ٠

وقد عرفه بعض فقهاء الطب الشرعى بأنه :" مواقعة أنثى حية مواقعة تامة بدون رضاها وباستعمال القوة ، مع احتمال حصول حمل كنتيجة لها "[3]٠

ويمتاز هذا التعريف بأنه عرض لبيان حالة المواقعة بوصفها مواقعة تامة بما يعنى أنه لا يعتد بهذه المواقعة إلا إذا أدت إلى فض البكارة كما عرض لبيان أثر المواقعة وهى احتمال حدوث حمل ، وأقام استعمال القوة علامة على عدم الرضا ٠

**ـ علة التجريم :**

تتمثل علة التحريم فى أن الجانى فى هذه الجريمة يقوم بممارسة سلوك جنسى بدون رضا من المجنى عليها ورغما

---

(١) د٠ محمود محمد مصطفى ـ شرح قانون العقوبات ـ القسم الخاص ص٣٠٠ ط جامعة القاهرة ط ١٩٧٥م ، د٠ أحمد على المجدوب ، اغتصاب الإناث فى المجتمعات القديمة والمعاصرة ص ١٢٣ ط الدار المصرية اللبنانية ط ١٤١٥هـ ـ ١٩٩٥م ٠

(٢) د٠ أحمد فتحى سرور ـ الوسيط فى قانون العقوبات ـ القسم الخاص ص٦٠١ ط دار النهضة العربية ط ١٩٧٩ ـ ١٩٨٠ م ٠

(٣) المستشار ٠ عبد الحميد المنشاوى ـ الطب الشرعى ودوره الفنى فى البحث عن الجريمة ص٣٠٥ ط دار الفكر الجامعى ـ الإسكندرية ٠

عنها ٠ الأمر الذى يشكل اعتداء على حريتها الجنسية ، وعلى حصانة جسمهما اللاتى هما محلا الحماية الجنائية ، كما قد يترتب على هذا الاعتداء إصابة المغتصبة بأضرار بالغة فى صحتها النفسية والعقلية ، بل قد يؤدى أحيانا إلى القضاء على حياتها نهائيا حين تلجأ إلى الانتحار خوفا من انتشار الفضيحة ولحوق العار بها وبأهلها ، كما قد يكون من شأن هذا الاعتداء أن يفرض على المجنى عليها أمومة غير شرعية لا ترغب فيها بل تكرهها ٠ الأمر الذى يجعلها مسيسة أفراد المجتمع ويكون سببا فى تقليل فرص الزواج أمامها متى كانت بكرا ويمس استقرارها العائلى إن كانت متزوجة ، كما أن انتشار مثل هذه الجرائم يبعث على الخوف فى نفوس أفراد المجتمع ، ويبث الشك فى الأخلاقيات العامة والخاصة ، فتجريم الاغتصاب يحفظ للمجتمع نظامه ، وكيانه ، ويبقى على شرف الأنثى سليما، وأن يكون عرضها مصونا " [(١)] ٠

---

(١) د/ محمود نجيب حسنى ـ الموجز فى شرح قانون العقوبات ـ القسم الخاص ص ٤٤٧ فقرة ٦٩٦ ـ دار النهضة العربية ١٩٩٣م ، د/ عبد العزيز محمد محسن ـ الحماية الجنائية للعرض فى الشريعة الإسلامية والقانون الوضعى ص٣٣٣ ـ دار النهضة العربية ، أ٠ معوض عبد التواب ، حليم سيتوت ـ دروس فى علم الطب الشرعى والتحقيق الجنائى والأدلة الجنائية ص ٥٦٤ طبعة ١٩٨٧م ٠

## الموازنة بين الفقه الإسلامى والقانون

مما تقدم نستطيع القول بأن الفقه والقانون والطب الشرعى حين عرفوا الاغتصاب أخذوا بالمفهوم الواسع له ، حين لم يقصروه على حالة الإكراه ، وأقاموا عدم الرضا قرينة عليه موافقين بذلك رأى الجمهور من الحنفية والمالكية والشافعية والحنابلة ، فى حين أن البعض ضيق مفهوم الاغتصاب بما يجعله قاصرا على حالة الإكراه ، وأعرضوا الصفح عن بقية الوسائل التى قد تكون وسيلة للاغتصاب ، وربما يكون السبب فى تلك الوجهة هو تأثرهم بما أثر عن الظاهرية والشيعة فى قصر الاغتصاب بما إذا كان بالإكراه دون سواه ٠

## المبحث الثاني
## أركان جريمة الاغتصاب

مما ورد فى التعريفات التى سبق عرضها لجريمة الاغتصاب نعلم أنه يتعـين لتحقق هذه الجريمة أن يتصل الرجل بالمرأة اتصالا جنسيا ، وهـذا الاتصال يمثـل الركن المادى لهذه الجريمة ، كما يلزم للاعتداد بها الاتصال أن يكـون بـدون رضـا صحيح أو كرها عنها كما يتعين فوق ذلك أن يكون الجانى قاصدا لذلك الفعل بأن يكون عالما بحرمة الاغتصاب ومريدا له، وهو ما يعبر عنه القانون بالقصد الجنائى ، وسوف نتناول بيان أحكام هذه الأركان بمزيد من الإيضاح فيما يلى :

## المطلب الأول
## الركن المادى
## الإتصال الجنسى المحرم فى الفقه الإسلامى
## والقانون الوضعى

**أولا : الإتصال الجنسي المحرم فى الفقه الإسلامى :**

حدد فقهاء الشريعة الإسلامية الإتصال الجنسى- المحرم الذى تتحقق به جريمة الاغتصاب عند تعريفهم للزنى بأنه تغيب حشفة ذكر رجل أو قدرها فى قبل امرأة غير مباح وطؤها بحيث يكون فيه كالميل فى المكحلة وقد أشار إلى ذلك حديث النبي صلى الله عليه وسلم فى قصة ماعز الأسلمى وفيها : عن أبى هريرة رضي الله عنه قال : جاء الأسلمى إلى النبى صلى الله عليه وسلم فشهد على نفسه أنه أصاب امرأة حراما ـ أربع مرات ـ كل ذلك يعرض عنه فأقبل عليه فى الخامسة ، فقال : أنكتها ؟ قال : نعم قال : حتى غاب ذلك فى ذلك منها ، قال : نعم ، قال : كما يغيب المرود فى المكحلة وكما يغيب الرشاء فى البئر ؟ قال : نعم ، قال : فهل تدرى ما الزنى ؟ قال : نعم أتيت منها حراما بمثل ما يأتى الرجل من امرأته حلالا ، قال : ما تريد بهذا القول ؟ قال : أريد أن تطهرنى ، فأمر به فرجم[1] .

وعلى ذلك فإنه يكفى لتحقق الاغتصاب تغيب حشفة ذكر رجل أو قدرها إن كانت مقطوعة فى فرج امرأة لا تحل له سواء كان الذكر منتشرا أم غير منتشر- أنزل أو لم ينزل [2] .

---

(١) أخرجه البخارى فى صحيحه بشرح فتح البارى جـ١٢ص ١٣٥ باب هل يقول الإمام لمقر لعلك لمست أو غمزت ـ ط دار الفكر للطباعة والنشر ـ سنن البيهقى جـ٨ص ٢٢٧ باب من قال لا يقام عليه الحد حتى يعترف أربع مرات ـ ط دار المعرفة بدون تاريخ ٠

(٢) المرغينانى ـ الهداية جـ٢ص ١٠٠ ط الحلبى ـ الدسوقى ـ حاشيته على الشرح الكبير جـ٤ص ٣١٣ ، الشربينى الخطيب ـ مغنى المحتاج جـ٤ ص ١٤٣ ، الماوردى ـ الحاوى الكبير جـ١٣ص ٢٢١ ط دار الكتب العلمية ط ١٤١٤هـ ـ ١٩٩٤م ٠

ولا يمنع من تحقق الوطء لف خرقة أو قطعة قماش على ذكر الرجل ـ أما إذا كان الفعل لا يعد إتصالا جنسيا كاملا بمثل ما سبق بيانه مثل الاستمتاع بما دون الفرج والمفاخذة وهى أن يضع الرجل ذكره بين فخذى المرأة والقبلة والمحاضنة فإنه لا يعد اغتصابا يوجب الحد وإن أوجب عقوبة تعزيرية ٠٠ فقد جاء رجل إلى النبى صلى الله عليه وسلم فقال : إنى عالجت امرأة فى أقصى المدينة وإنى أصبت منها ما دون أن أمسها وأنا هذا فأقضى في ما شئت ، فقال له عمر : لقد سترك الله لو سترت على نفسك فلم يرد عليه رسول الله صلى الله عليه وسلم شيئا ، فانطلق الرجل ، فأتبعه رسول الله صلى الله عليه وسلم رجلا فدعاه فتلا عليه قوله تعالى: ﴿ وأقم الصلاة طرفي النهار وزلفا من الليل إن الحسنات يذهبن السيئات ذلك ذكرى للذاكرين﴾ (1) فقال رجل من القوم : هذه له خاصة ؟ قال : بل للناس كافة (2)٠

**ثانيا : الإتصال الجنسي ـ الوقاع ـ فى القانون الوضعى :**

يعنى الاتصال الجنسي الكامل فى القانون ، التقاء الأعضاء التناسلية للجاني والمجنى عليها إلتقاء طبيعيا بمعنى أن يتم الاتصال فى الموضع المعد لذلك وهو فرج المرأة وحسب اصطلاح المفهوم الشرعى بحيث يكون كالميل فى المكحلة وعلى ذلك فلا يعد اغتصابا الأفعال التى لا ترقى إلى درجة ذلك الإتصال مثل المساس بالعضو التناسلى للمرأة ، أو وضع شئ آخر غير الذكر فيه أو إزالة بكرتها بإصبعه (3) ومتى تم

---

(1) سورة هود ـ الآية ١١٤ ٠

(2) أخرجه مسلم فى صحيحه بشرح النووى جـ٥ص ٦٠٧ كتاب التوبة ط دار الشعب ، سنن أبى داود جـ٤ص ١٦٠ باب فى الرجل يصيب من المرأة دون الجماع ٠

(3) د٠ محمود محمود مصطفى ـ المرجع السابق ص٣٠١ ، د٠ عمر السيد رمضان ـ شرح قانون العقوبات ـ القسم الخاص ص ٢٨٣ ط دار النهضة العربية ط ١٩٦٤ ـ ١٩٦٥م ٠

الاتصال بالمفهوم السابق فلا عبرة بما إذا كان الرجل قد حقق شهوته الجنسية بقذف المنى فى فرج المرأة أم لا [١]٠

كما يشترط لقيام جريمة الاغتصاب أن يقع الإتصال بين رجل وامرأة على قيد الحياة يكون الجانى فيها هو الرجل والمجنى عليها هى المرأة فالإتصال بين طرفين متحدين فى الجنس لا تقوم به جريمة الإغتصاب إنما يسمى لواطا إن تم بين رجل ورجل وسحاقا إن تم بين امرأة وامرأة ، وإذا وقعت الجريمة على جثة امرأة متوفاة فلا تقوم الجريمة ولا يمنع ذلك من قيام جريمة انتهاك حرمة القبور إذا توافرت أركانها ، ولا تقوم الجريمة أيضا ممن ليست لديه القدرة على الإتصال لصغره أو لمرضه أو لعجزه ، وإذا كانت المجنى عليها صغيرة وقرر الأطباء الشرعيون استحالة حدوث الإيلاج فى عضوها التناسلى ، أو كانت المرأة مصابة بعيب من العيوب الجنسية التى تحول دون إتصال الرجل بها اتصالا جنسيا كاملا ، فإن جريمة الإغتصاب لا تتوفر فى حق الجانى [٢] ، كما يشترط فقهاء القانون فى الإتصال الجنسي الذى تقوم به جريمة الإغتصاب أن يكون غير مشروع ، ويكون الإتصال مشروعا إذا تم تحت نطاق نظام إجتماعى يعترف للرجل بالحق فى هذا الاتصال ، ويفرض على المرأة الإلتزام بقبوله وهذا النظام فى القانون الحالى هو الزواج ، وعلى هذا فلا يكون الزوج مرتكبا لجريمة اغتصاب إذا أكره زوجته على الإتصال الجنسي بها[٣]٠

---

(١) د٠ عبد المهيمن بكر ـ القسم الخاص فى قانون العقوبات ص ٦٧٧ ط دار النهضة العربية ط ١٩٧٧م ، د٠ منصور السعيد ساطور ـ المرجع السابق ص٢٨٧ ٠

(٢) فى نفس المعنى د٠ محمود نجيب حسنى ـ المرجع السابق ص ٤٤٨ ، د٠ سامح السيد جاد ـ شرح قانون العقوبات ـ القسم الخاص ص١٠٨ بدون طبعة ٠

(٣) فى نفس المعنى د٠ سامح السيد جاد ـ شرح قانون العقوبات ص١٠٩

## الموازنة بين الفقه الإسلامى والقانون الوضعى

مما سبق عرضه من بيان موقف الفقه الإسلامى والقانون الوضعى فيما يتعلق بالإتصال الجنسي- الكامل كشرط لتحقق جريمة الإغتصاب يتبين أنهما يتفقان فى أنه يكفى لتحقق هذا الشرط تغيب حشفة الذكر أو قدرها عند مقطوعها فى المكان المعد لذلك ، وجد شهوة أم لا ، أنزل أم لم ينزل ، كما يتفقان على أنه لابد من اختلاف الجنسين بين طرفى الإتصال الجنسي- فلابد أن يكون الجانى هو الرجل والمجنى عليها هى المرأة ، واشترط القانون أن تكون المجنى عليها حية غير متوفاة موافقا فى ذلك رأى بعض فقهاء الشريعة الإسلامية الذين يشترطون لتحقق الجريمة أن يكون الإيلاج فى فرج آدمى حى ، جاء فى مغنى المحتاج :" ولا حد بوطء ميتة فى الأصح " [1].

_____

(١) الشربينى الخطيب ـ مغنى المحتاج جـ٤ص ١٤٥ .

## المطلب الثانى

## انعدام رضا المجنى عليها

## فى الفقه الإسلامى والقانون الوضعى

سبق القول بأن الاغتصاب هو اتصال الرجل بالمرأة إتصالا جنسيا محرما رغما عنها ، وكرها لها ، وعلى ذلك فإن عنصر الإكراه هو الذي يميز الاغتصاب عن الزنى ، وعنصر الإكراه لا يمثل الوسيلة الوحيدة التى ينتفى بها رضا المرأة ، بل إن هناك وسائل أخرى من شأنها أن تعدم الرضا وتفسد الإختيار ، عبر عن ذلك المشرع المصرى صراحة فى المادة (٢٦٧) عقوبات بقولها :" من واقع أنثى بغير رضاها " وهذا التعبير أوسع دلالة من لفظ الإكراه ، وإن كان يشمله ، فيتحقق عدم رضا المجنى عليها إذا لم تتجه إرادتها إلى قبول الإتصال الجنسى ، وذلك باستعمال الإكراه معها ، أو بسبب عوامل أخرى فى حكم الإكراه تسلب إرادتها مثل النوم والجنون، والإغماء والسكر والصغر والغش والخديعة والمباغتة ٠

وجاء فى حكم لمحكمة النقض :" إن عدم الرضا ٠٠ كما يتحقق بوقوع الإكراه المادى على المجنى عليها ، فإنه يتحقق كذلك بكل مؤثر يقع على المجنى عليها من شأنه أن يحرمها الإختيار فى الرضا أو يعدمه ، سواء كان هذا المؤثر من قبل الجانى كالتهديد والإسكار والتنويم المغناطيسى- وما أشبه ، أم كان ناشئا عن حالة قائمة بالمجنى عليها كحالة النوم والإغماء ، وما أشبه [1] ٠

وسوف نتناول فيما يلى عرض هذه الوسائل ، مع بيان مدى تأثيرها فى انعدام الرضا ، وسقوط الاختيار الذى هو سبب لتحقق جريمة الاغتصاب ، وهى كالآتى :

---

(١) نقض جلسة ١٩٢٨/١١/٢٢م مجموعة القواعد القانونية جـ١ رقم ١٦ ص٢٢ ، نقض ١٩٨٢/٢/٨م مجموعة أحكام النقض س ٣٣ رقم ٣٤ ص١٧٣ ط المكتب الفنى لمحكمة النقض المصرية ٠

**أولا :النوم فى الفقه الإسلامى والقانون الوضعى :**

**١ ـ النوم ، وأثره فى انعدام الرضا فى الفقه الإسلامى :**

لقد عرف النوم بأنه : فتور يعترى الإنسان فى فترات مختلفة فيعطل العقل والحواس ، فالنائم لا يقدر على استعمال الإدراكات الحسية ليدرك المحسوسات ، ولا يقدر على إستعمال نور العقل ليدرك المعقولات ، ولا يقدر أيضا على أفعاله الإختيارية التى هى أحواله ، لذلك كانت عبارة النائم باطلة لعدم توفر القصد عنده ، لذلك فإن مواقعة الرجل للمرأة وهى نائمة تتحقق بها جريمة الاغتصاب لفقد الإدراك الحسى والعقلى[١] ٠

**٢ ـ النوم وأثره فى انعدام الرضا فى القانون الوضعى :**

لقد اعتد الفقه والقضاء بالنوم كوسيلة لانعدام الرضا الذى هو سبب فى تحقق جريمة الاغتصاب ، فيعد الجانى مغتصبا للمرأة إذا واقعها وهى نائمة ، ويستوى فى ذلك أن يكون النوم طبيعيا أو مغناطيسيا بفعل الجانى [٢] جاء فى حكم لمحكمة النقض المصرية :" إذا كانت الواقعة الناشئة فى الحكم هى أن المتهم دخل مسكن المجنى عليها بعد منتصف الليل وهى نائمة، وجلس بين رجليها ورفعهما لمواقعتها ، فتنبهت إليه وأمسكت به ، وأخذت تستغيث حتى حضر على استغاثتها آخرون

---

(١) الإمام النسفى ـ كشف الأسرار شرح المصنف على المنار جـ٢ ص٤٨٧ ط دار الكتب العلمية ط ١٤٠٦ هـ ـ ١٩٨٦م ، د٠ عبد الفتاح الحسينى الشيخ ـ الإكراه وأثره فى الأحكام الشرعية ص١٧ ط دار الاتحاد العربى للطباعة ط ١٣٩٩هـ ـ ١٩٧٩م ٠

(٢) فى نفس المعنى د٠ عبد العزيز محمد محسن ـ المرجع السابق ص ٢٦٠ ، د٠ محمود نجيب حسنى ـ المرجع السابق ص٤٥٦ ٠

وأخبرتهم بما حدث ، فإن هـذه الواقعـة فيهـا مـا يكفـى لتوافـر الإكـراه فى جناية الشروع فى المواقعة " [1] .

**ثانيا : الجنون فى الفقه الإسلامى والقانون الوضعى :**

**١ ـ الجنون فى الفقه الإسلامى :**

الجنون هو : خلل فى العقل يمنع من جريـان الأفعـال والأقـوال علـى النـهج الصحيح ، وهو ينافى شرط العبادات ، وهو النية ، فلا تصح منه ولا تجب عليـه ، وعلى ذلك فمن واقع مجنونة كان مرتكبا لجريمة الاغتصاب لانعدام الرضا وفساد الاختيار [2] .

**٢ ـ الجنون فى القانون :**

جريمة الاغتصاب إذا قام الجانى بمواقعة امرأة مجنونة لم تبدى على فعله أى اعتراض ، ويجب التحقق من أن جنونها أفقدها القدرة علـى فهـم ماهيـة الفعـل وقت إتيانه ، أم أن جنونها يسيرا لم يفقدها القـدرة علـى إدراك ماهيـة الفعـل ، وعلى ذلك فلا قيام لجريمة الاغتصاب إذا كان جنـون الفتـاة متقطعـا واتصل بها المتهم فى فترة الإفاقة [3] .

---

(١) راجع نقض جنائى ـ جلسة ١٩ أكتوبر سنة ١٩٤٢ بمجموعة القواعد القانونية جـ٥ص ٦٩٢ برقم ٤٤١ .

(٢) أستاذنا الـدكتور/ نصر ـ فريد واصل ـ المـدخل الوسيط لدراسـة الشريعة الإسلامية والفقـه والتشريع ص٢٤٣ ط مطبعة النصر ط ١٤٠٠هـ ـ ١٩٨٠م ، فى نفس المعنى ـ الإمام النسفى ـ المرجع السابق جـ٢ ص ٤٨٠ .

(٣) فى نفس المعنى د. سامح السيد جاد ـ المرجع السابق ص ١١٢ ، د. محمود نجيب حسنى ـ المرجع السابق ص ٤٥٦ .

**ثالثا : الصغر فى الفقه الإسلامى والقانون الوضعى :**

**١ ـ الصغر فى الفقه الإسلامى :**

الصغر هو : حالة طبيعية تقوم بالشخص تمنع عنه التكليف والمخاطبة بالأحكام [١] وأحكام الصبى بالنسبة للجرائم تتشابه مع أحكام المجنون ؛ لأنه فاقد التمييز مثله [٢] ، وعلى ذلك لو اتصل رجل جنسيا بصبية صغيرة لا تعقل فإنه يعد مرتكبا لجريمة الاغتصاب لأن رضاها غير صحيح فلا يعتد به ٠

**٢ ـ الصغر فى القانون :**

لا يعتد برضا الصغيرة غير المميزة التى لا تدرك الأفعال التى يباشرها الجانى عليها ، وعلى ذلك فإذا اتصل الرجل جنسيا بفتاة صغيرة السن غير مميزة فإنه يعد مغتصبا وإن كان ذلك برضاها[٣] ٠

**رابعا : الإغماء فى الفقه الإسلامى والقانون :**

**١ ـ الإغماء فى الفقه الإسلامى :**

قال صاحب كشف الأسرار :" وهو ـ أى الإغماء ـ كالنوم فى فوات الاختيار وفوت استعمال القدرة ، حتى بطلت عبارته ، بل أشد منه ٠٠إلى قوله لأن النائم إذا نبه تنبه ولا كذلك المغمى عليه " [٤] وعلى ذلك إذا قام رجل بمواقعة فتاة مغمى عليها فإنه يعد مغتصبا لها لفوات الإختيار ٠

---

(١) فى نفس المعنى ـ ابن نجيم ـ الأشباه والنظائر ص٣٠٦ ٠

(٢) فى نفس المعنى ٠ الإمام محمد أبو زهرة ـ الجريمة فى الفقه الإسلامى ص ٤٧٨ ط دار الفكر ـ بدون تاريخ ٠

(٣) فى نفس المعنى د٠ محمود نجيب حسنى ـ المرجع السابق ص٤٥٣ ٠

(٤) النسفى ـ كشف الأسرار جـ٢ص ٤٨٩ ٠

## ٢ ـ الإغماء فى القانون الوضعى :

لا خلاف بين فقهاء القانون فى اعتبار الإغماء سببا فى فقدان الإرادة والاختيار ، وعليه فإن جريمة الاغتصاب تتحقق فيمن قام باتصال جنسى ـ بامرأة مغمى عليها [١].

## خامسا : السكر فى الفقه الإسلامى والقانون الوضعى :

## ١ ـ السكر فى الفقه الإسلامى :

السكر هو غيبة العقل من خمر وما يشبهه حتى يختلط الكلام ويحصل الهذيان [٢] ويختلف حكم الاغتصاب باختلاف أنواع السكر حيث قسم الفقهاء السكر إلى نوعين :

١ ـ سكر مباح كالحاصل من الأدوية كمخدر لإجراء عملية أو التى يصفها الطبيب المسلم لعلاج وكذا شرب المضطر إلى شرب الخمر ، وهذا السكر حكمه كالإغماء فى إسقاط الرضا والاختيار فإذا وطأ رجل امرأة أثناء سكرها بمباح كان مغتصبا لها .

٢ ـ سكر محرم ، كشرب المسكر الحرام حالة الإختيار ، وهذا السكر لا يبطل التكليف ، فيلزم السكران المعتدى الأحكام ، وعلى ذلك إذا قامت امرأة بشرب المسكر الحرام وواقعها رجل حالة سكرها تعد زانية ولا تتحقق جريمة الاغتصاب [٣].

---

(١) فى نفس المعنى : د. محمود نجيب حسنى ـ المرجع السابق ص ٤٥٤ .

(٢) أستاذنا الدكتور/ نصر فريد واصل ـ المرجع السابق ص ٢٤٥ .

(٣) النسفى ـ كشف الأسرار ـ جـ٢ص ٥٣٦ ـ ابن نجيم ـ الأشباه والنظائر ص ٣١٠ ، د. عبد الفتاح الحسينى الشيخ ـ المرجع السابق ص ١٧ .

٢ ـ السكر فى القانون الوضعى:

لم يفرق القانون بين السكر المباح والمحرم ، فى تأثيره على إنعدام الرضا ، وعلى ذلك يتحقق الاغتصاب فيمن واقع امرأة سكرت بمواد مخدرة أو منومة لفقدان الوعى والتمييز[(١)].

سادسا : الغش والخديعة فى القانون :

ينعدم رضاء المجنى عليها بالغش والخديعة من الجانى ، فإذا قام شخص بمواقعة امرأة نتيجة غش وخداع وثبت أنها لم تكن تستجيب له لو أنها علمت بحقيقة أمره مسبقا فإن جريمة الاغتصاب تكون متحققة فى حقه وتطبيقا لذلك قضت محكمة النقض المصرية بأنه :" متى كانت الواقعة الثابتة هى أن المتهم إنما توصل إلى مواقعة أنثى بالخديعة ، بأن دخل سريرها على صورة ظنته معها أنه زوجها ، فإنها إذا كانت قد سكتت تحت تأثير هذا الظن فلا تأثير لذلك على توافر أركان الجريمة المنصوص عليها فى المادة (٢٦٧) عقوبات [(٢)].

سابعا : المباغتة :

عد القانون الوضعى المباغتة بالوقاع من الوسائل التى تعدم الرضا وتفسد الاختيار ، فحكمها حكم الإكراه وعلى ذلك فالطبيب الذى يواقع أنثى على حين غفلة منها أثناء قيامه بالكشف الطبى عليها يعد غاصبا لها [(٣)].

---

(١) فى نفس المعنى د. عبد العزيز محمد محسن ـ المرجع السابق ص٢٦٠ ، د. سامح السيد جاد ـ المرجع السابق ص ١١٢ .

(٢) راجع نقض مصرى جلسة ١٤ مايو ١٩٥١م مجموعة أحكام محكمة النقض س٢ رقم ٣٩٧ ص ١٠٨٩ .

(٣) د. أحمد فتحى سرور ـ المرجع السابق ص٦٠٤ ، د. عمر السعيد رمضان ـ شرح قانون العقوبات ـ القسم الخاص ص ٢٨٥ ط ١٩٦٥م.

**ثامنا : الإكراه فى الفقه الإسلامى والقانون :**

**١ ـ الإكراه فى الفقه الإسلامى :**

**١ ـ تعريف الإكراه :**

**أ ـ تعريف الإكراه فى اللغة :**

يطلق الإكراه فى اللغة ويراد به : الحمل على فعل الشئ كرها ، جاء فى القاموس المحيط : الكره بالضم ، ما أكرهت نفسك عليه وبالفتح ما أكرهك غيرك عليه ، يقال أكرهه على كذا أى حمله عليه كرها [١] ٠

**تعريف الإكراه فى اصطلاح الفقهاء :**

عرف فقهاء الحنفية الإكراه بأنه : فعل يوجد من المكره بالضم فيحدث فى المحل معنى يصير به مدفوعا إلى الفعل الذى طلب منه "[٢]٠

جاء فى المبسوط :" الإكراه : إسم لفعل يفعله المرء بغيره فينتفى به رضاه أو يفسد به اختياره من غير أن تنعدم به الأهلية فى حق المكره ـ بالفتح ـ أو يسقط عنه الخطاب "[٣]٠

والناظر فى تعريف الإكراه فى الاصطلاح لا يرى فيه اختلافا جوهريا عن تعريفه فى اللغة بأنه الحمل على فعل لشئ كرها ٠

---

(١) الفيروزآبادى ـ القاموس المحيط جـ٤ص ٢٩١ ط الحلبى ، فى نفس المعنى ، الرازى ـ مختار الصحاح ص ٥٦٨ مادة "كره" ٠

(٢) الحصفكى ـ الدر المختار شرح تنوير الأبصار ـ على حاشية ابن عابدين المسماة برد المحتار جـ٦ص ٢٨ ط الحلبى ٠

(٣) السرخسى ـ المبسوط جـ٢٤ ص ٣٨ ٠

**أنواع الإكراه :**

قسم فقهاء الشريعة الإسلامية الإكراه إلى ملجئ وغير ملجئ :

**الإكراه الملجئ :**

وهو ما يفوت النفس أو العضو إن لم يفعل المكره عليه كالقتل والضرب الذى يخاف فيه تلف النفس أو العضو وهذا النوع يسمى إكراها تاما [١]٠

**٢ ـ الإكراه غير الملجئ :**

وهو الذى لا يفوت النفس والعضو كالحبس والقيد والضرب الذى لا يخاف منه التلف ، وهذا الإكراه يسمى إكراها ناقصا [٢]٠

**أثر الإكراه فى انعدام الرضا :**

لقد اختلف الفقهاء فى مدى تأثير الإكراه فى انعدام الرضا ويمكن حصر الخلاف فى قولين :

**القول الأول :**

ذهب الجمهور من الحنفية والمالكية والحنابلة إلى أن الإكراه بنوعيه يمنع التكليف بالنسبة للمرأة المكرهة على الزنا وأن من أكرهها عد مغتصبا سواء كان الإكراه تاما أم ناقصا[٣]، جاء فى تبصرة الحكام :" وحد الإكراه الذى لا يلزم

---

(١) السرخسى ـ المبسوط جـ٢٤ ص٣٩ ٠

(٢) الكاسانى ـ بدائع الصنائع جـ٧ ص ١٧٥ ط دار الكتاب العربى ـ بيروت ط ١٤٠٢ هـ ـ ١٩٨٢م ٠

(٣) السرخسى ـ المبسوط جـ٢٤ص ٤٠ ، ابن فرحون ـ تبصرة الحكام جـ٢ص ١٢٨ ط دار الكتب العلمية ط ١٣٠١هـ ، ابن قدامة ـ المغنى جـ١٠ص ١٥٤ ٠

معه بيع متاعه ، هو الحبس أو الضرب أو التهديد بذلك ٠٠٠إلى قوله وسمعنا مالكا يقول السجن إكراه ، والقيد إكراه والوعيد المخوف إكراه بمنزلة الضرب والوهن ، ولا يجوز على صاحبه معه يمين ولا بيع "[١]٠

وجاء فى المغنى :" ولا فرق بين الإكراه بالإلجاء ، وهو أن يغلبها على نفسها ، وبين الإكراه بالتهديد بالقتل ونحوه "[٢]٠

**القول الثانى :**

ذهب الشافعية إلى أن الإكراه يكون سببا فى إسقاط العقوبة عن المرأة المكرهة فى جريمة الاغتصاب إذا وصل إلى حد الإلجاء والإضطرار ، أما إذا لم يبلغ هذا الحد فلا يكون اغتصابا ، جاء فى الأشباه والنظائر :" إن انتهى الإكراه إلى حد الإلجاء لم يتعلق به حكم ، وإن لم ينته إلى ذلك فهو مختار"[٣]٠

## الأدلـة

**أدلة القول الأول :**

استدل القائلون بتأثير الإكراه مطلقا سواء كان تاما أم ناقصا فى انعدام الرضا بالكتاب والأثر والمعقول ٠

**أما الكتاب :**

فقوله تعالى : ﴿ ولا تكرهوا فتياتكم على البغاء إن أردن تحصنا لتبتغوا عرض الحياة الدنيا ومن يكرههن فإن الله من بعد إكراههن غفور رحيم ﴾[٤]٠

---

(١) ابن فرحون ـ تبصرة الحكام جـ٢ص ١٢٨ ط دار الكتب العلمية ط ١٣٠١هـ ٠

(٢) ابن قدامة ـ المغنى جـ١٠ص ١٥٤ ٠

(٣) السيوطى ـ الأشباه والنظائر ص٢٠٣ ، ٢٠٧ ٠

(٤) سورة النور ـ من الآية ٣٣ ٠

**وجه الدلالة** : الآية صريحة فى أن الله تعالى قد رفع العقاب عن المرأة التى أكرهت على نفسها ورغما عنها والآية لم تفرق بين إكراه وإكراه ٠

**وأما الأثر :**

فمنه ما روى عن عمر بن الخطاب رضي الله عنه أن امرأة استسقت راعيا ، فأبى أن يسقيها إلا أن تمكنه من نفسها ففعلت ، فرفع ذلك إلى عمر فقال لعلى ما ترى ؟قال : إنها مضطرة ، فأعطاها عمر شيئا وتركها [1]٠

**وجه الدلالة** : أن الإمام عمر رضي الله عنه عد الإضطرار إلى الاستسقاء إكراها فى إسقاط الحد ، وكان ذلك بحضرة من الصحابة ولم ينكر عليه أحد ، فكان إجماعا على أن الإكراه الناقص يؤثر فى انعدام الرضا ويسقط الاختيار ٠

**ومن الأثر :**

ما جاء فى صحيح البخارى أن صفية ابنة أبى عبيد أخبرته أن عبدا من رقيق الإمارة وقع على وليدة من الخمس فاستكرهها حتى افتضها ، فجلده عمر الحد ونفاه ، ولم يجلد الوليدة من أجل أنه استكرهها [2]٠

**وجه الدلالة** : أن الإمام عمر رضي الله عنه أسقط الجلد عمن استكرهت ولم يسأل عن وسيلة الإكراه فدل ذلك على أن الإكراه الملجئ وغيره فى الحكم سواء ٠

---

(١) سنن البيهقى جـ٨ص ٢٣٦ من كتاب الحدود ـ ط دار المعرفة ٠

(٢) صحيح البخارى بشرح فتح البارى جـ١٢ص ٣٢١ باب إذا استكرهت المرأة على الزنا فلا حد عليها ٠

**وأما المعقول :**

فلأن الإكراه شبهة والحدود تدرأ بالشبهات فإذا أكرهت امرأة كان من أكرهها مغتصبا سواء كان الإكراه ماديا أو معنويا٠

**أدلة القول الثانى :**

استدل الشافعية على تفريقهم بين الإكراه الملجئ وغيره بالمعقول فقالوا : إن لم يكن التهديد بما يخشى منه على النفس أو عضو من الأعضاء فإن من وقع عليه الإكراه غير الملجئ يكون قد ارتضى أن يحمى نفسه من ضرر يسير بارتكاب أشد أنواع الفحشاء ٠

جاء فى الأشباه والنظائر :" الزنى ولا يباح به بالاتفاق أيضا لأن مفسدته أفحش من الصبر على القتل ، وسواء كان المكره رجلا أو امرأة "[1]٠

**الترجيح :**

مما تقدم عرضه نرى أن القول بعموم الإكراه فى إسقاط الرضا والإختيار هو الأولى بالقبول متى ثبت أن المكره قادر على إيقاع ما هدد به وعلى ذلك إذا قام رجل بمواقعة امرأة بعد تهديدها بوسيلة من الوسائل السابقة فإنه يعد مغتصبا سواء كان الإكراه تاما أم ناقصا ٠

**ثانيا : الإكراه فى القانون الوضعى :**

عد الفقه والقانون والقضاء الإكراه بنوعيه المادى والمعنوى سببا لإنعدام الرضا وسقوط الاختيار ، فالإكراه المادى يقصد به أعمال العنف التى يرتكبها الجانى على جسم المجنى عليها بهدف إحباط المقاومة التى تعترض بها المرأة على فعل الجانى ٠

---

(١) السيوطى ـ الأشباه والنظائر ص ٢٠٧ ٠

ويتخذ العنف صورة الضرب أو الجرح أو الإمساك بأعضاء المرأة التى قد تستعملها فى المقاومة أو تقييدها بالحبال (١).

ويشترط فى العنف الذى يتحقق به الإكراه أن يقع على شخص المرأة فالإعتداء على الخادم أو البواب أو أحد أقاربها لا يعتد به فى قيام جريمة الاغتصاب (٢) كما أنه ليس من الضرورى أن يكون الإكراه مستمرا ، بل يكفى أن يكون قد استعمل فى البداية وبطريقة كافية للتغلب على مقاومة المجنى عليها ، جاء فى حكم محكمة النقض :" ليس من الضرورى لتكوين جريمة وقاع أنثى بغير رضاها أن يكون الإكراه مستمرا وقت الفعل ٠

فإذا فقدت الأنثى قواها ، وأصبحت لا تستطيع المقاومة فالأركان القانونية للجريمة تكون متوافرة (٣) ٠

أما الإكراه المعنوى فهو الذى يقع بطريق التهديد بإلحاق شر بجسم المجنى عليها أو مالها وسمعتها أو بشخص عزيز عليها أو بتهديدها بنشر فضيحة بحيث تنساق مجبرة إلى التفريط فى عرضها لتفادى الأمر المهدد به ، ويعد إكراها معنويا تهديد الجانى المجنى عليها بإبلاغ الشرطة عن جريمة سرقة كانت قد ارتكبتها ، وتقدير مدى تأثير الإكراه المادى فى إسقاط الاختيار إمساكه موضوعية متروك لقاضى تقديرها (٤) ٠

(١) فى نفس المعنى د٠ أحمد فتحى سرور ـ الوسيط فى قانون العقوبات المرجع السابق ص٦٠٣ ، د٠ منصور السعيد ساطور ـ شرح قانون العقوبات ـ المرجع السابق ص٢٩٠ ٠

(٢) د٠ أحمد ذكى عويس ـ جريمة اغتصاب الإناث فى الفقه الإسلامى والقانون المصرى والليبى ص٢٦ بحث منشور بمجلة روح القوانين كلية الحقوق جامعة طنطا ـ العدد ٦ ديسمبر ١٩٩١ ٠

(٣) نقض جلسة ٢ فبراير سنة ١٩٢٥ بمجلة المحاماه س ٥ رقم ٦٠٨ ص ٧٣٦ ٠

(٤) د عبد العزيز محمد محسن ـ الحماية الجنائية للعرض ـ المرجع السابق ص٢٥٧ ٠

## الموازنة بين الفقه الإسلامى والقانون الوضعى

مما سبق عرضه من بيان موقف الفقهين الإسلامى والقانونى يتبين إتفاقهما على أن مدلول إنعدام الرضا يتسع ليشمل غير الإكراه فيشمل النوم والإغماء والصغر والسكر والجنون والجوع والعطش والمباغتة والغش والخديعة ، كما أن تقسيم القانون الوضعى للإكراه إلى مادى ومعنوى جاء قريبا من تقسيم الفقه الإسلامى للإكراه إلى إكراه ملجئ أو تام أو إكراه غير ملجئ أو ناقص ٠

## المطلب الثالث

## الركن المعنوى (القصد )

## فى الفقه الإسلامى والقانون الوضعى

تعد جريمة اغتصاب الإناث من الجرائم العمدية التى يلزم لتحققها توفر قصد الجانى فى مواقعة المرأة قصدا صحيحا لا شبهة فيه والذى يعبر عنه القانون الوضعى بالقصد الجنائى ـ وهو يقوم على عنصرين أولهما يتمثل فى إنصراف نية الجانى إلى الوقاع المحرم ـ الفعل الذى تقوم عليه الصلة الجنسية ـ بامرأة لا تربطه بها علاقة مشروعة ، وثانيهما ويتمثل فى علم الجانى بحرمة الفعل الذى يباشره ، والتحقق من توافر القصد بعنصريه لا يثير صعوبة إذ الأفعال التى تصدر عن الجانى وخاصة الإكراه تكشف بوضوح عن توافر هذا القصد [1] ، وسوف نقوم فيما يلى بعرض أحكام القصد المتمثلة فى العلم والإرادة كل على حده ٠

**أولا : العلم فى الفقه الإسلامى والقانون الوضعى :**

**١ ـ العلم فى الفقه الإسلامى :**

وردت فى عبارات فقهاء الشريعة الإسلامية على أنه يشترط فى إقامة حد الزنى أن يكون الجانى عالما بتحريم الفعل الذى يأتيه فلو كان قريب عهد بالإسلام ، أو نشأ ببادية بعيدة يخفى عليه التحريم فلا يقام عليه الحد ، فلو قال المشهود عليه بالإغتصاب أنه لا يعلم بالتحريم وحلف اليمين على عدم علمه فإنه لا يقام عليه الحد ٠

---

(١) د٠ صالح مصطفى ـ الجرائم الخلقية ـ دراسة تحليلية مقارنة ص٢٦ ط دار المعارف بمصر ـ ط ١٩٦٣م ٠

## النصوص الفقهية

١ ـ جاء فى رد المحتار :" إن من شرائطه ـ أى الزنى ـ العلم بالتحريم حتى لو لم يعلم بالحرمة لم يجب الحد للشبهة" [(١)].

٢ ـ وجاء فى حاشية الدسوقى :" وأما إن جهل الحكم أو العين فلا حد ويقبل قوله بدعوى جهله العين أو الحكم بشرط أن يظن به ذلك الجهل ، وأما إذا كان الزنى واضحا فلا يقبل قوله " [(٢)].

وجاء فى روضة الطالبين :" ومن جهل تحريم الزنى لقرب عهده بالإسلام أو لأنه نشأ ببادية بعيدة عن المسلمين لا حد عليه ، ومن نشأ بين المسلمين وقال لم أعلم التحريم لم يقبل قوله " [(٣)].

وجاء فى المغنى :" وإن كان الغاصب جاهلا بتحريم ذلك لقرب عهده بالإسلام ، أو ناشئا ببادية بعيدة يخفى عليه مثل هذا فاعتقد حل وطئها أو اعتقد أنها جاريته فأخذها ثم تبين أنها غيرها فلا حد عليه ، لأن الحدود تدرأ بالشبهات " [(٤)].

وجاء فى المحلى :" فإن كانا جاهلين فلا حد فى ذلك ٠٠٠ وإن كان أحدهما جاهلا والآخر عالما فالحد على العالم ، ولا شئ على الجاهل " [(٥)].

---

(١) ابن عابدين ـ رد المحتار جـ٤ص ٦ ٠

(٢) الدسوقى ـ حاشيته على الشرح الكبير جـ٤ص ٣١٦ ٠

(٣) الإمام النووى ـ روضة الطالبين جـ٨ص ٤١٨ ٠

(٤) ابن قدامة ـ المغنى ـ جـ٥ص ٤٠٨ ٠

(٥) ابن حزم ـ المحلى ـ جـ١١ص ٧٣ ٠

وجاء فى البحر الزخار :" ولا حد على من أدعى جهل تحريم الزنى " [1].

وجاء فى جواهر الإكليل :" لا خلاف فى أنه يشترط فى تعلق الحد بالزانى والزانية العلم بالتحريم حين الفعل أو ما يقوم مقامه من الإجتهاد والتقليد " [2].

**الأدلـــة**

استدل جمهور فقهاء المسلمين على سقوط الحد عمن جهل تحريم الزنى أى الاغتصاب بأدلة كثيرة من الكتاب والسنة والآثار والمعقول .

**أما الكتاب :**

فقوله تعالى : ﴿ وليس عليكم جناح فيما أخطأتم به ولكن ما تعمدت قلوبكم ﴾ [3].

**وجه الدلالة** :الآية صريحة فى رفع الجناح والإثم عمن يرتكبه الإنسان خطأ ، وإثبات الإثم فيما يرتكبه متعمدا وهو عالم بحرمته [4].

**وأما السنة :**

فمنها : ما رواه الترمذى عن عائشة ـ رضى الله عنها ـ قول النبى ﷺ : " ادرءوا الحدود عن المسلمين ما استطعتم ،

---

(١) ابن المرتضى ـ البحر الزخار ـ جـ٦ص ١٤٥ .

(٢) الإمام النخعى ـ جواهر الكلام فى شرح شرائع الإسلام جـ٤ ص ٢٦١ ط دار إحياء التراث العربى ط ١٩٨١م .

(٣) سورة الأحزاب من الآية ٥ .

(٤) فى نفس المعنى الإمام الألوسى ـ روح المعانى فى تفسير القرآن العظيم والسبع المثانى جـ٢١ص ١٤٨ ط دار إحياء التراث العربي ط ١٤٠٥هـ ـ ١٩٨٥م .

فإن كان له مخرج فخلوا سبيله ، فلئن يخطئ الإمام في العفو خير أن يخطئ في العقوبة "[١] ٠

**وجه الدلالة** : الحديث صريح في ادراء الحدود بالشبهات ، ولاشك أن الجهل بالشئ يعد شبهة يدرء بها الحد[٢] ٠

**أما الآثار :**

منها : ما روى أن جارية لعبد الرحمن بن حاطب اعتقها لأنها كانت تصلى وتصوم ، ووجدها حبلى ، وكانت ثيبا ، وهى أعجمية ، ففزع في ذلك ، فذهب إلى عمر بن الخطاب رضي الله عنه ، فأرسل إليها ، فسألها عمر ، حبلت ؟ قالت : نعم من مرغوش بدرهمين ، فإذا هى تستهل الزنى ولا تكتمه ، فصادف عليا وعثمان وعبد الرحمن بن عوف فقال أشيروا على : فقال على وعبد الرحمن بن عوف : قد وقع عليها الحد فقال عمر : أشر على يا عثمان ٠ فقال : قد أشار عليك أخواك فقال : أشر على أنت ٠ فقال : أراها تستهل به كأنها لا تعلمه ، ولا ترى به بأسا ، وليس الحد إلا على من علم تحريم الفعل ، قال : صدقت ، والذى نفسى بيده ، ما الحد إلا على من علمه ثم جلدها تعزيرا "[٣] ٠

**وجه الدلالة** : الأثر صريح في إجماع الصحابة على درء الحد على من جهل تحريم الزنى ٠

---

(١) سنن الترمذى جـ٢ص ٤٣٨ برقم ١٤٤٧ باب ما جاء في درء الحدود ـ سنن البيهقى جـ٨ص ٢٣٨ باب ما جاء في درء الحدود بالشبهات ٠

(٢) في نفس المعنى ـ ابن حزم ـ المحلى ـ جـ١١ص ٢٤٦ وما بعدها٠

(٣) سنن البيهقى ـ جـ٨ص ٢٣٨ باب ما جاء في درء الحدود بالشبهات ، مصنف عبد الرزاق ـ جـ٧ص ٤٠٣ باب لا حد إلا على من علمه ط المكتب الإسلامى ـ بيروت ط ١٤٠٣هـ ـ ١٩٨٣م ٠

**أما المعقول :**

استدل جمهور الفقهاء على رفع الحد على من جهل بتحريم الاغتصاب بالمعقول فقالوا إن الحكم فى الشرعيات لا يثبت إلا بعد العلم ، فإن كان الشيوع والاستفاضة فى دار الإسلام أقيم مقام العلم ولكن لا أقل من إيراث شبهة لعدم التبليغ [1].

مما سبق من الأدلة نتبين أن الجهل بتحريم الزنى شبهة تسقط الحد متى ثبت يقينا لا ظنا أن المغتصب لا يعلم بحرمة الفعل الذى يباشره .

**٢ ـ العلم بتحريم الإغتصاب فى القانون :**

لكى يتوافر القصد الجنائى لدى المغتصب لابد أن يكون عالما بأنه يمارس حيلة جنسية غير مشروعة مع امرأة لا تربطه بها آية علاقة تضفى صفة المشروعية على فعله الذى يأتيه ، وعلى ذلك فإذا كان ما يربط الرجل بالمرأة التى يمارس الصلة الجنسية معها عقد زواج باطل أو فاسد ، ولكنه كان يجهل سبب البطلان أو الفساد فإن القصد لا يتوافر لديه ، والغلط قد يكون فى القانون كما سبق ، وقد يكون فى الوضع كمن يغتصب أخته فى الرضاع ، وهو يجهل أنها أخته من الرضاع [2].

**ثانيا : إرادة الإغتصاب فى الفقه الإسلامى والقانون :**

**١ ـ إرادة الاغتصاب فى الفقه الإسلامى :**

لا خلاف بين الفقهاء فى أنه يلزم لتحقق جريمة الزنى أو الاغتصاب أن تتجه إرادة الجانى إلى اقترافها ، ويتحقق ذلك متى كانت إرادته حرة وغير مكره عليها .

---

(١) فى نفس المعنى ـ ابن عابدين ـ رد المحتار جـ٤ص ٦ .

(٢) فى نفس المعنى د. محمود نجيب حسنى ـ المرجع السابق ص ٤٥٧ ، د. منصور السعيد ساطور ـ المرجع السابق ص ٢٩١ .

لكنهم اختلفوا فيما لو أكره الرجل على اغتصاب أنثى والإتصال بها جنسيا هل يسقط عنه الحد أم لا ، ويمكن حصر الخلاف فى قولين :

**القول الأول :**

ذهب الجمهور من الحنفية والمالكية فى غير المشهور وبعض الشافعية وبعض الحنابلة ، والظاهرية والإمامية إلى سقوط الحد عن الرجل المكره على الاغتصاب أو الزنى ٠

## النصوص الفقهية

جاء فى المبسوط :" وقال أبو يوسف ومحمد : إذا كان قادرا على إيقاع ما هدد به فلا حد على المكره ، سواء كان المكره سلطانا أو غيره " [١]٠

وجاء فى حاشية الخرشى :" الرجل المكره على الجماع هل يحد أولا ؟ مذهب المحققين كابن رشد واللخمى وابن العربى لا حد عليه " [٢]٠

وجاء فى مغنى المحتاج :" والمكره لا حد عليه لحديث : رفع عن أمتى الخطأ والنسيان وما استكرهوا عليه " [٣]٠

وجاء فى كشاف القناع :" ٠٠٠ وعنه لا حد على الرجل المكره كالمرأة "[٤] ٠

---

(١) السرخسى ـ المبسوط ـ جـ٢٤ص ٨٩ ٠

(٢) الخرشي ـ حاشيته على مختصر خليل جـ٨ ص ٨٠ ـ ط دار الفكر بدون تاريخ ٠

(٣) الشربينى الخطيب ـ مغنى المحتاج ـ جـ٤ص ١٤٥ ٠

(٤) البهوتى ـ كشاف القناع ـ جـ٦ص ٩٧ ٠

وجاء في المحلى :" ... فلو أمسكت امرأة حتى زنى بها أو أمسك رجل فأدخل إحليله في فرج امرأة فلا شئ عليه ولا عليها ـ سواء انتشر أو لم ينتشر ـ أمنى أو لم يمنى ، أنزلت هي أو لم تنزل لأنهما لم يفعلا شيئا أصلا والإنتشار والإمناء فعل الطبيعة الذى خلقه الله تعالى ، أحب أم أكره لأنه لا اختيار له في ذلك " (١) .

وجاء في فقه الإمام جعفر الصادق :" ولست أرى لهذا الاختلاف أى اختلاف الفقهاء في إكراه الرجل على الزنى ـ أية فائدة ما دام الغرض فيما إذا أدخله مكرها ـ وليس في ريب أنه إذا تحقق ذلك فلا شئ عليه ، لنفس الأدلة التى ذكرناها في المستكرهة "(٢) .

## القول الثاني :

ذهب بعض الحنفية (٣) ، والمشهور عند المالكية ، وبعض الشافعية وبعض الحنابلة إلى عدم سقوط الحد عمن اغتصب مكرها .

## النصوص الفقهية

جاء عند الحنفية : " فإن أكرهه غير السلطان حد عند أبي حنيفة "(٤) .

(١) ابن حزم ـ المحلى ـ جـ٨ص ٣٣١ .
(٢) محمد جواد مغية ـ فقه الإمام جعفر الصادق جـ٥ص ٢٥٩ ط دار مكتبة الهلال ـ بيروت ط ١٤٠٤هـ ـ ١٩٨٤م .
(٣) الزيلعى ـ تبيين الحقائق جـ٣ص ١٨٤ ط دار المعرفة ـ بيروت ـ بدون تاريخ ، شرح فتح القدير جـ٥ص ٢٧٣ .
(٤) شرح فتح القدير جـ٥ص ٢٧٣ .

وجاء فى حاشية الخرشى :" وغيرهم يقولون عليه الحد ، وعليه أكثر أهل المذهب "[١] ٠

وجاء فى المهذب :" ٠٠ والثانى أنه يجب ـ أى الحد ـ لأن الوطء لا يكون إلا بالإنتشار الحادث عن الشهوة والإختيار"[٢] ٠

وجاء فى المغنى :" وإن أكره الرجل فزنى ٠٠ فقال أصحابنا عليه الحد ٠٠٠ لأن الوطء لا يكون إلا بالإنتشار والإكراه ينافيه ، فإذا وجد الإنتشار انتفى الإكراه فيلزمه الحد"[٣] ٠

## الأدلـة

**أدلة القول الأول :**

استدل القائلون بسقوط الحد عمن زنى أو اغتصب مكرها بالسنة والمعقول ٠

**أما السنة :**

منها : قول النبى صلى الله عليه وسلم :" عفى لأمتى عن الخطأ والنسيان وما استكرهوا عليه " [٤] ٠

**وجه الدلالة :**

الحديث صريح فى العفو عن المكره ـ والعفو عن الشئ عفو عن موجبه ، فيلزم سقوط الحد عمن زنى أو اغتصب مكرها ٠

---

(١) الخرشى ـ المرجع السابق ـ نفس الموضع ٠

(٢) الشيرازى ـ المهذب جـ٢ص ٢٦٧ ط الحلبى ٠

(٣) ابن قدامة ـ المغنى ـ جـ١٠ص ١٥٥ ٠

(٤) سنن البيهقى جـ٨ص ٢٣٥ باب من زنى بامرأة مستكرهة ط دار المعرفة ـ بيروت ، الحاكم ـ فى المستدرك جـ٢ص ١٩٨ ط دار المعرفة ـ بيروت ، بدون تاريخ ٠

**أما المعقول :**

استدل القائلون بسقوط الحد عمن اغتصب مكرهـا بـالمعقول فقـالوا :إن قصد المكره على الإقدام دفع الهلاك عن نفسه ، فلا يلزمه الحد كالمرأة [1] ٠

**أدلة القول الثانى :**

استدل القائلون بعدم سقوط الحد عمن اغتصب مكرها بالمعقول ، فقـالوا : إن الإكراه من الأمور التى لا يتصور تحققهـا فى الاغتصـاب أو الـزنى ، لأن الـزنى لا يتصور إلا بعد انتشار الآلة ، وهذا آية الطواعية ، فاقترن بالإكراه مـا ينافيـه قبـل تحقق الفعل المكره عليه ، بحيث كان حال فعله إياه غير مكره فبطل أثر الإكـراه السابق ويجب الحد [2] ٠

**مناقشة الاستدلال :**

ناقش القائلون بسقوط الحد عمن اغتصب مكرها مـا اسـتدل بـه القـائلون بعدم سقوطه من المعقول فقالوا إن انتشار الآلة لا يدل على أنه كان طائعا ، لأن انتشار الآلة قد يكون طبعا ، وقد يكون طوعا ، ألا ترى أن النائم قد تنتشرـ آلتـه من غير قصد وفعل منه [3] ٠

**الترجيـــح :**

بعد عرض الأقوال وأدلتها يترجح القول بسقوط الحد عمن زنى أو اغتصب مكرها لأن انتشار عضو الذكورة مما تقتضيه طبيعة الشـهوة عنـد وجـود أسـبابه وتوافر دواعيه وإكراه الرجل على وطء المرأة حاصل معه ـ فيسقط الحد ـ ٠

---

(١) السرخسى ـ المبسوط جـ٩ص ٥٩ ٠

(٢) الكمال بن الهمام ـ شرح فتح القدير جـ٥ص ٢٧٣ ٠

(٣) السرخسى ـ المبسوط ـ الموضع السابق ، شرح فتح القدير جـ٥ ص ٢٧٣ ٠

**٢ ـ إرادة الاغتصاب فى القانون :**

يجب أن تتجه إرادة الجانى إلى إكراه المرأة والإتصال بها جنسيا بغير رضاها ورغما عنها ، فإذا توفرت تلك الإرادة فلا عبرة بعد ذلك بالبواعث فسواء كان الدافع على ذلك قضاء الشهوة البهيمية أم كان بدافع الانتقام من المجنى عليها ، أما إذا كان قصد الجانى ليس مواقعة المرأة إنما شئ آخر غير الإيلاج فينتفى القصد الجنائى لجريمة الإغتصاب ويسأل عن جريمة هتك العرض متى تحققت أركانها[1] ٠

---

(١) فى نفس المعنى د٠ منصور السعيد ساطور ـ المرجع السابق ص ٢٩٢ ، د٠ سامح السيد جاد ـ المرجع السابق ص ١١٣ ٠

## الموازنة بين الفقه الإسلامي والقانون

بعد عرضنا لموقف الفقه الإسلامي والقانون الوضعي مـن الـركن المعنـوى لجريمة الاغتصاب يتبين لنا موافقة القانون لما قرره فقهاء الشريعة الإسلامية مـن أن عنـاصر القصد الجنـائى هـى العلـم والإرادة ، فيجب فى الشـريعة الإسلامية والقانون أن يكون الجانى عالما بالتحريم فإن كان جاهلا أو وقع فى غلط فى الواقع أو فى القانون سقط الحد عنه ٠٠٠ كما اتفقا على ضرورة توافر عنصر الإرادة لدى الجانى فإن أكره على الاغتصاب أو كان لا يقصد بفعله مواقعة الأنثى سقط الحـد

.

## المبحث الثالث

## حكم جراحة إعادة غشاء البكارة

## للأسباب اللاإرادية الشرعية

## " الاغتصاب فى الفقه الإسلامى والقانون "

إعادة غشاء البكارة عند من يرى إمكانيته يتم عن طريق نوعين من العمليات الجراحية ٠

**أولهما** : إعادة مؤقتة للعذرية ، وفيها يقوم الطبيب بعمل كشكشة لبقايا الغشاء المقطوع بوسائل الربط ـ الأبرة ـ الفتلة الصناعية ـ ويقوم الطبيب بهذه العملية الجراحية متى كان الزواج فى اليوم التالى لإجراء هذه الجراحة ٠

**ثانيهما** :الإعادة الدائمة وتسمى بترقيع الغشاء ، وفيها يقوم الطبيب بأخذ جزء من جدار المهبل الخلفى وفصله وتفكيكه وتشريحه ثم يعاد ترقيعه ووضعه مرة أخرى مكان غشاء البكارة ، ثم يقوم الطبيب بحياكته بالطرز(١) وتلك الجراحات سواء الكشكشة أو الترقيع من الممكن

---

(١) راجع فى الرأى المعاكس الذى يرى أنه لا يوجد شئ يسمى إعادة العذرية للفتاة وأن غشاء البكارة إذا شق لا يمكن إصلاحه د٠ ماهر عمران ـ أستاذ النساء والتوليد ـ رأى سيادته فى عمليات الرتق العذرى بمجلة حواء المصرية ـ العدد رقم ٢٢٠١ الصادر فى ٢٨ نوفمبر ١٩٩٨م ص ١٧ وما بعدها ٠

أن تحدث أكثر من مرة فى عمر الفتاة ولكن من عيوبها أنه يمكن للزوج أن يشعر بوجود الفتلة الصناعية ، وقد يصل الأمر إلى أن يصاب من تلك الفتلة [1] ولما كانت هذه الإعادة بنوعيها من المسائل المستحدثة لم يتعرض فقهاء الشريعة الإسلامية القدامى لبيان حكمها لعدم حدوثها فى عصرهم ، وأيضا لما كانت هذه الجراحات تعتريها مظنة المصلحة عند القائلين بجواز الرتق لذا فإن الوصول إلى استنباط الحكم الشرعى لهذه الجراحات يستدعى أولا بيان المصالح التى تعد إعادة الغشاء البكارة مظنة لها للاستئناس بها فى تقبل الحكم بالحل أو بالحرمة ٠

(١) د٠ عزت صقر ـ رأى سيادته فى عمليات الرتق العذرى بمجلة روزاليوسف ـ العدد رقم ٣٦٧٢ الصادر فى ٢٦ من أكتوبر ١٩٩٨م السنة الرابعة والسبعون ص٢٣ ٠

## المطلب الأول
## المصالح التى تعد جراحة الرتق مظنة لها

قيام الطبيب بإجراء جراحة الرتق بناء على طلب الفتاة ورضا وليها فيه درء لفضيحة قد تسبب فشل الزواج وهدم أسرة مازالت فى أول أطوار التكوين بعد اكتشاف تمزق غشاء بكارة فتاة لم تتزوج ، لا يد لها فى إزالة غشاء هذه البكارة ، كما أن فى إجراء هذه الجراحات منع القيل والقال ودفع سوء الظن فى عرض الفتاة إذا ما أخذنا فى الإعتبار الأعراف والعادات والتقاليد التى تؤاخذ الفتاة على زوال بكارتها وإن لم يقم أى دليل معترف به فى الشرع على ارتكابها الفاحشة ، ومحل البحث يتطلب تفريد هذه المصالح وإلقاء الضوء عليها بمزيد من الإيضاح وذلك فيما يلى :

**١ ـ مصلحة الستر :**

من أولى المصالح التى تترتب على قيام الطبيب برتق البكارة هو الستر على الفتاة ، مهما كان سبب التمزق ، بحيث يخفى من أمرها ما لو اكتشف لترتب عليه كثير من الأذى لها ولذويها ، والستر مقصد عظيم من مقاصد الدين الحنيف "[1]، حثت عليه كثير من النصوص الشرعية سواء من الكتاب أو السنة أو الآثار ٠

**أما الكتاب :**

فقوله تعالى : ﴿ إن الذين يحبون أن تشيع الفاحشة في الذين آمنوا لهم عذاب أليم في الدنيا والآخرة و الله يعلم وأنتم لا تعلمون﴾ [2] ٠

---

(١) د/ محمد نعيم ياسين ـ بحوث فقهية فى قضايا طبية معاصرة ص٢٢٧ ـ دار النفائس للنشر ـ والتوزيع ـ الأردن ٠

(٢) سورة النور آية ١٩ ٠

**وجه الدلالة** : الآية خبرية فيها معنى الإنشاء فكأن الله سبحانه وتعالى يقول إذا رأيتم الفعل القبيح فاستروا حتى لا تشيع الفاحشة فإن الذين يسعون لإشاعة الفاحشة بالقول السئ فى الذين ءامنوا لهم عذاب أليم فى الدنيا والآخرة ، فدلت الآية بمفهوم المخالفة[1] على الستر ٠

**وأما السنة :**

فمنها قول الرسول صلى الله عليه وسلم لهزال الرجل الذى عرف أمر ماعز عندما زنى " لو سترته بثوبك كان خير لك " ٠[2]

**وجه الدلالة :**

الحديث صريح فى الحث على الستر ، وعدم إشاعة الفاحشة بين المسلمين ، وعلى أن من رأى غيره قد أتى الفاحشة يجب عليه أن يستره ولا يفضحه بين الناس ٠

**وأما الآثار :**

فمنها : ما روى عن طارق بن شهاب :أن رجلا خطب إليه ابنة له ، وكانت قد أحدثت ، فجاء إلى عمر ، فذكر ذلك له ، فقال عمر : ما رأيت فيها ؟ قال : ما رأيت إلا خيرا ، قال : فزوجها ولا تخبر "[3]٠

**وجه الدلالة :**

الأثر صريح فى الأمر بالكتمان على خبر الفتاة للستر وعدم إشاعة الفاحشة بين الناس ٠

---

(١) مفهوم المخالفة : هو إثبات نقيض حكم المنطوق للمسكوت ويسمى دليل الخطاب ٠ انظر : البحر المحيط بدر الدين بن محمد بن بهادر الزركشى جـ٥ص ١٣٢ ـ دار الكتبى ٠

(٢) فى نفس المعنى : الإمام القرطبى ـ الجامع لأحكام القرآن جـ١٢ ص ٢٠٦ ط دار إحياء التراث العربى ط ١٤٠٥ هـ ـ ١٩٨٥م ٠

(٣) مصنف عبد الرزاق جـ٦ص ٢٤٦ باب ما رد من النكاح ٠

**٢ ـ الوقاية من سوء الظن :**

إن قيام الطبيب بمثل هذه الجراحة ـ الرتق العذرى ـ فيه إقفال لباب سوء الظن ، وانتشار الشائعات ، وكثرة الأقاويل عن الفتاة وأسرتها ذلك أن الفتاة لو تزوجت وعلم زوجها بذلك، تمزق غشاء البكارة ربما اتخذها هذا الزوج ، ومن بعده الناس دليلا على الفاحشة مع أنها فى الحقيقة وفى الشرع ليست كذلك، كما أنه قد يترتب على هذا الظن إنهيار الأسرة التى تكونت ، وفقد الثقة بين طرفيها ، وربما وصل الأمر إلى حد التقاتل وحرمان هذه المرأة من أن تعيش بين أهلها وذويها ، كما أنه إذا شاع أمر فتق غشاء البكارة بين الناس فإن تلك الأسرة قد يمتنع الناس من الزواج منهم ، ولا يخفى أن فى ذلك ضرر للفتاة ولأسرتها هم بريئون عن سببه [(١)] ، فإذا أجزنا للطبيب مثل هذه الجراحة فإننا نكون قد أقفلنا باب الظن السيئ والخوض فى أعراض حرم الله تعالى الخوض فيها بالباطل وحذر منه تحذيرا شديدا [(٢)] قال تعالى : ﴿ يا أيها الذين آمنوا اجتنبوا كثيرا من الظن إن بعض الظن إثم ولا تجسسوا ولا يغتب بعضكم بعضا ﴾ [(٣)] وقال الرسول صلى الله عليه وسلم :" إياكم والظن ، فإن الظن أكذب الحديث "[(٤)]٠

وبذلك يظهر جليا أهمية المصلحة فى جراحة إعادة غشاء البكارة ٠

---

(١)بتصرف د٠محمد المختار الشنقيطى ـ أحكام الجراحة الطبية ص٤٣١ ٠

(٢) فى نفس المعنى ـ د٠ محمد نعيم ياسين ـ رتق غشاء البكارة فى ميزان المقاصد الشرعية ص ٥٨٠ ، د٠ محمود الزينى ـ المرجع السابق ص١٣٣ ، د٠ محمد خالد منصور ـ المرجع السابق ص٢١٨ ، د٠ محمد الشنقيطى ـ أحكام الجراحة الطبية نفس الموضع ٠

(٣) سورة الحجرات آية ١٢ ٠

(٤) أخرجه البخارى بشرح فتح البارى جـ٩ص١٠٥ كتاب النكاح باب لا يخطب على خطبة أخيه حتى ينكح أو يدع ، وأخرجه مسلم بشرح النووى جـ١٦ص ١١٨ كتاب البر والصلة باب تحريم الظن ٠

**٣ ـ تنمية الإحساس بالمساواة بين الرجل والمرأة :**

المساواة بين الرجل والمرأة فى الحقوق والواجبات والثواب والجزاء أصل شرعى إلا فيما ثبت استثناؤه بدليل شرعى معتبر فحين تعلم الفتاة أن الشاب مهما فعل من الفاحشة لا يترتب على فعله أى أثر مادى فى جسده ، ولا يثور حوله أى شك إن لم يثبت عليه ذلك بوسائل الإثبات الشرعية فى الوقت التى تؤاخذ هى إجتماعيا وعرفيا على زوال بكارتها حتى وإن لم يقم أى دليل معترف به فى الشرع على ارتكابها الفاحشة ، فإن ذلك لا شك أنه سيولد عندها الإحساس بالتفرقة والظلم والجور فى حقها وأمثالها ففى قيام الطبيب المسلم بإخفاء تلك القرينة الوهمية فى دلالتها على الفاحشة له أثر تربوى فى نفس الفتاة يضمن عدم تولد الإحساس المخالف لروح التشريع الإسلامى وعلى ذلك فإنه إذا قامت أعراف وتقاليد إجتماعية مغايرة للقانون الإسلامى كان ذلك إنحرافا فى المجتمع ، ينبغى تصحيحه بالتوعية الإسلامية من جهة ، وعدم ترتيب أية آثار شرعية عليه من جهة أخرى ، ومن جهة ثالثة ينبغى حماية المتضررين من هذا الإنحراف الإجتماعى الذين يؤاخذون بما لم يؤاخذهم به الله تعالى فى الدنيا على الأقل ، ويتحملون من المضايقات بسببه ما لم يحملهم الشرع [1]٠

**٤ ـ إصلاح غشاء البكارة لا يعد معصية :**

فالطبيب الذى قام بإصلاح الغشاء الذى تمزق لا يترتب عليه أى معنى من معانى التشجيع على فعل الفاحشة إذ المفترض أن الفتاة لم تقع فى فاحشة أصلا ولم تعصى المولى سبحانه وتعالى حيث أن ما وقع عليها فهو غصب ورغما عنها وامتناع الطبيب عن الرتق ليس فيه أى معنى من معانى الزجر عن الوقوع فى فاحشة الزنا لأن الزجر لا يتأتى إلا بالنسبة للعصاة [2]٠

---

(١) د٠ محمد المختار الشنقيطى ـ المرجع السابق ـ نفس الموضع ، د٠ محمد نعيم ياسين ـ المرجع السابق ص ٢٣١ ، د٠محمود الزينى ـ المرجع السابق ص١٣٥ ٠

(٢) د٠ ذكى ذكى زيدان ـ حكم رتق غشاء البكارة فى الفقه الإسلامى والقانون الوضعى ص٢٩٢ ، ٢٩٣ ، طبعة ١٤٢١ـ٢٠٠١ ٠

## المطلب الثانى

## الحكم الشرعى لإعادة غشاء البكارة للمغتصبة

لم يتعرض فقهاء الشريعة الإسلامية القدامى لبيان حكم إعادة غشاء البكارة رغم أنه قد ورد فى كتبهم ما يدل على أنهم افترضوا إمكان حدوثها •

### النصوص الفقهية

١ ـ جاء فى مغنى المحتاج :" وليس له تزويج ثيب بالغة   وإن عادت بكارتها كما صرح به أبو خلف الطبرى فى شرح المفتاح إلا بإذنها " [١] •

٢ ـ وجاء فى شرح الزركشى على مختصر الخرقى :" لو عادت بكارتها بعد زوالها بوطء هى فى حكم الثيب ، لوجود المباضعة [٢] •

٣ ـ وجاء فى الإنصاف :" لو عادت البكارة ، لم يزل حكم الثيوبة ؛ لأن المقصود من الثيوبة حاصل لها "[٣] •

وبالنظر إلى هذه النصوص نجد أنها لم تتعرض ولم تبين حكم جراحة إعادة البكارة ، وهذا ما دعا الفقهاء المعاصرين إلى بحث هذه المسألة فى ندوة الرؤية الإسلامية لبعض الممارسات الطبية المنعقدة فى الكويت فى ٢٠ شعبان عام ١٤٠٧هـ الموافق ١٨ إبريل عام ١٩٨٧م والتى انتهت باختلافهم حول حكم هذه الجراحة إلى رأيين :

---

(١) الشربينى الخطيب ـ مغنى المحتاج جـ٣ص ١٩٣ •

(٢) العلامة محمد الزركشى ـ شرحه على مختصر الخرقى ـ جـ٥      ص ٩٢ ط مكتبة العبيكان ـ الرياض ط ١٤١٣هـ ـ ١٩٩٣م •

(٣) المرداوى ـ الإنصاف فى معرفة الراجح من الخلاف جـ٨ص ٦٣ •

**الرأى الأول :**

ذهب بعض الفقهاء المعاصرين إلى عدم جواز رتق غشاء البكارة للأسباب اللاإرادية [1]٠

**الرأى الثانى :**

ذهب البعض إلى جواز رتق غشاء البكارة بسبب الاغتصاب أو كان الفتق لعلة خلقية أو استئصال أورام أو تدفق دم الحيض[2]٠

---

(١) قال بذلك الرأى د٠ أحمد محمد بدوى ـ نقل وزرع الأعضاء البشرية ص٩٧ ، د٠ محمد خالد منصور ـ الأحكام الطبية المتعلقة بالنساء فى الفقه الإسلامى ص٢٢٨ ، د٠ كمال فهمى ـ رتق غشاء البكارة ـ بحث منشور فى سلسة مطبوعات المنظمة الإسلامية للعلوم الطبية ـ الرؤية الإسلامية لبعض الممارسات الطبية ص ٤٢٨ ، د٠ محمد المختار الشنقيطى ـ أحكام الجراحة الطبية والآثار المترتبة عليها ص٤٣٢ ، الشيخ ٠ عز الدين التميمى ـ رتق غشاء البكارة ص ٥٦٣ ، د٠ يوسف قاسم ـ رأيه فى جريدة الجمهورية المصرية الصادر بتاريخ ٢٠٠٠/٤/١٩م ، د٠ عبد الفتاح إدريس ـ إعادة بكارة المغتصبة ـ بحث منشور للندوة التى نظمها مركز صالح كامل للاقتصاد الإسلامى بجامعة الأزهر بعنوان قضايا فقهية متعلقة بالطب العلاجى بتاريخ ١٩٩٨/١٢/١٧م ٠

(٢) قال بذلك الرأى : أستاذنا الدكتور/ نصر فريد واصل ـ فتواه بجريدة الأهرام المصرية فى عددها الصادر بتاريخ ١٩٩٨/٧/١٦م ص ٢٥ باب مع القانون ، د٠ محمد الشحات الجندى ـ رأيه بجريدة الجمهورية المصرية فى عددها الصادر بتاريخ ٢٠٠٠/٤/١٩ص١١ ، الشيخ ٠ محمد المختار السلامى ـ الطبيب بين الإعلان والكتمان ص٨١ ، بحث بالندوة السابقة ، د٠ توفيق الواعى ـ حكم إفشاء السر ـ بحث بندوة الرؤية السابقة ص ١٧٠ ، د٠ محمد سيد طنطاوى ـ رأيه بمجلة التصوف الإسلامى العدد ٨ السنة ٢١ الصادرة بتاريخ ١٩٩٨م ص٢٠ ، د٠ محمد رأفت عثمان ـ رأيه بجريدة الأهرام المصرية عدد الجمعة ١٩٩٨/١١/١٧م ، د٠ محمد نعيم ياسين ـ المرجع السابق ص٢٣٨ ، د٠ محمود أحمد طه ـ الحماية الجنائية للعلاقة الزوجية ـ دراسة مقارنة ص٢٠٠ ، د٠ عبد المعطى بيومى ـ رأيه بمجلة == ==التصوف

## الأدلـــــة

**أدلة الرأى الأول :**

استدل القائلون بعدم جواز رتق غشاء البكارة بأدلة عقلية كثيرة تستند على نصوص من السنة النبوية ، والقواعد الفقهية والمقاصد الشرعية ومنها ما يلى :

١ ـ إن رتق غشاء البكارة نوع من المكر والخداع والغش ، والغش محرم شرعا يقول الرسول صلى الله عليه وسلم :"من غشنا فليس منا"[١] ، والحديث وإن كان فى البيوع ، إلا أنه يشمل النكاح أو أى عمل كان ، يقول ابن القيم :"ينبغى له ـ المفتى ـ أن يكون بصيرا بمكر الناس وخداعهم وأحوالهم، ولا ينبغى أن يحسن الظن بهم ، بل يكون حذرا فطنا إلى قوله :" وكم من مسألة ظاهرها جميل ، وباطنها مكر وخداع وظلم وذو البصيرة ينقد مقصدها وباطنها"[٢] .

٢ ـ إن رتق غشاء البكارة يفتح أبواب الكذب الذى لم يرد النص بإباحته فحديث رسول الله صلى الله عليه وسلم :"لا يحل الكذب إلا فى ثلاث : يحدث الرجل امرأته ليرضيها ، والكذب فى الحرب ، والكذب ليصلح بين الناس[٣] .

---

الإسلامى العدد ١٩٩٨/١١/٨م ، د. محمود عوده ـ رأيه بمجلة التصوف الإسلامى ص ٢٢ ، د/ محمود الزينى ـ مسئولية الأطباء عن العمليات التعويضية والتجميلية والرتق العذرى ص١٦٩ ، ١٧٠ مؤسسة الثقافة الجامعية .

(١) أخرجه مسلم فى صحيحه بشرح الإمام النووى جـ٢ص١٠٨ كتاب الإيمان باب قوله صلى الله عليه وسلم :"من غشنا فليس منا " ، وأخرجه أبو داود فى سننه جـ٣ص ٢٧٠ كتاب البيوع ، وأخرجه الترمذى فى سننه جـ٣ص ٦٠٦ كتاب البيوع باب ما جاء فى كراهية الغش فى البيوع .

(٢) ابن القيم ـ إعلام الموقعين جـ٤ص ١٨٧ ط الطباعة المنيرية ط١٩٥٥ .

(٣) أخرجه الترمذى فى سننه جـ٤ص ٢٩٢ كتاب : البر والصلة ، باب ما جاء فى إصلاح ذات البين .

ورتق غشاء البكارة الذى يفتح أبواب الكذب للفتيات وأهليهن لإخفاء السبب الحقيقى ، ليس من أنواع الثلاث فيقتصر على ما ورد به النص ، فيكون من الكذب المحرم شرعا ٠

٣ ـ إن كان رتق غشاء البكارة فيه مصلحة الستر ودفع المضرة على الفتاة وأهلها إلا أنه فيه مفاسد أكثر خطورة مثل اختلاط الأنساب فقد تحمل المرأة من الجماع السابق ، ثم تتزوج بعد رتق غشاء البكارة ، وهذا قد يؤدى إلى فتح الأبواب أمام الأطباء أو بعضهم أن يلجأوا إلى إجراء عمليات الإجهاض وإسقاط الأجنة بحجة الستر أو بحجة أنها نتيجة الخطيئة [١]٠ بجانب ما يترتب عليه كشف العورات كما تؤدى إلى تشجيع ارتكاب الزنا ٠

ومن القواعد الفقهية أنه إذا اجتمعت المصالح والمفاسد ، فإن أمكن تحصيل المصالح ودرء المفاسد فعلنا ذلك ، وإن تعذر الدرء والتحصيل ، فإن كانت المفسدة أعظم من المصلحة درأنا المفاسد ولا نبالى بفوات المصلحة [٢]٠

٢ ـ من القواعد الشرعية " الضرر لا يزال بالضرر " وهى تعد قيدا على قاعدة " الضرر يزال " فتمزق غشاء البكارة وما يترتب عليه من الظن فى عفة الفتاة وإلحاق العار بأهلها ضرر ورتق غشاء البكارة وما يترتب عليه من المفاسد التى ذكرت آنفا ضرر فلا ينبغى فى سبيل إزالة

---

(١) الشيخ ٠ عز الدين التميمى ـ رتق غشاء البكارة من منظور إسلامى ـ الندوة السابقة ص ٥٨٢ ، د٠ محمد الشنقيطى ـ أحكام الجراحة ص٤٣٠ ، د٠ محمد منصور ـ الأحكام الطبية المتعلقة بالنساء ص ٢١٤ ٠

(٢) السيوطى ـ الأشباه والنظائر ص٦٢ ، ابن نجيم ـ الأشباه والنظائر ص٨٩ ٠

الضرر الأول أن يرتكب ضررا آخر ولأنه لو أزيل الضرر بالضرر لما صدق الضرر يزال "[1].

٥ - إن رتق غشاء البكارة قد يؤدى إلى اختلاط الأنساب عندما تحمل الفتاة من الجماع غصبا ، وهذا يؤدى إلى إلحاق ذلك الحمل بالزوج ، واختلاط الحلال بالحرام ، وأكل أموال الناس بالباطل إما عن طريق النفقة على الولد وإما عن طريق الميراث " [2].

**أدلة الرأى الثانى :**

استدل القائلون بجواز جراحة رتق غشاء البكارة للأسباب اللاإرادية بأدلة من المعقول تستند إلى نصوص شرعية منها ما يلى :

١ - إن رتق غشاء البكارة لمن زالت عنهن بسبب لا دخل لإرادتهن فيه يعين على الستر التى أمرت النصوص الشرعية به ، ومنها : ما روى عن أبى هريرة رضي الله عنه قال : قال رسول الله صلى الله عليه وسلم :" من نفث عن مسلم كربة من كرب الدنيا ، نفث الله عنه كربة من كرب يوم القيامة ، ومن ستر مسلما ستره الله فى الدنيا والآخرة ، ومن يسر على معسر يسر الله عليه فى الدنيا والآخرة ، و الله فى عون العبد ما كان العبد فى عون أخيه " [3].

---

(١) فى نفس المعنى الشيخ / على حيدر - شرح مجلة الأحكام العدلية جـ١ص ٤ ، الشيخ / أحمد الزرقا - شرح القواعد الفقهية ص١٩٥ ط دار القلم - دمشق - بدون تاريخ .

(٢) د. محمد منصور - الأحكام الطبية المتعلقة بالنساء ص٢١٣ ، د. محمد الشنقيطى - أحكام الجراحة الطبية ص ٤٢٩ .

(٣) أخرجه أبو داود فى سننه جـ٤ص ٢٨٨ - كتاب الأدب - باب فى المعونة للمسلم ، ابن ماجه فى سننه جـ١ص ٨٢ فى المقدمة - ط دار الريان للتراث .

**وجه الدلالة :**

قال الإمام النووى :" فى هذا فضل إعانة المسلم ، وتفريج الكرب عنه ، وستر زلاته ، ويدخل فى كشف الكربة وتفريجها من أزالها بماله أو جاهه أو مساعدته ، والظاهر أن يدخل فيه من أزالها بإشارته ورأيه ودلالته ـ والستر المندوب إليه هنا ـ الستر على ذوى الهيئات ونحوهم ممن ليس هو معروفا بالأذى والفساد "[1] وعلى ذلك ، فالستر على من فقدت عذريتها بسبب لا دخل لها فيه داخل فى الستر المندوب إليه ؛ لأن المسئولية فى الدنيا والآخرة مرفوعة عن هؤلاء فهن معذورات عند الله وعند الناس ٠

٢ ـ فى القول بجواز رتق غشاء البكارة إقفال لباب سوء الظن الذى قد يترتب عليه ظلم البريئات من الفتيات ، فإجراء الطبيب جراحة رتق غشاء البكارة فيه إشاعة لحسن الظن بين المؤمنين الذى هو مقصد شرعى معتبر بقول الله تعالى: ﴿ لولا إذ سمعتموه ظن المؤمنون والمؤمنات بأنفسهم خيرا ﴾[2].

٣ ـ إن رتق غشاء البكارة يزيل العقد النفسية التى تعرضت لها ، فالفتاة التى زالت عذريتها نتيجة اغتصابها أو بوثبة أو تدفق دم حيض أو لجراحة أصابها ضرر نفسى كبير يضعها بين أمرين كلاهما مر وهما : إما أن تعيش مع زوج فى ذل وهوان ، وإما أن ترفض فتبقى منكسة الرأس

---

(١) الإمام النووى ـ شرح صحيح مسلم جـ١٦ص ١٣٥ ٠

(٢) د/ محمد نعيم ـ بحوث فقهية فى قضايا طبية معاصرة ص٢٣٠ والآية من سورة النور ـ آية ١٢ ٠

ولا تجد من يرحمها فى مصيبتها [1] ـ فإذا أمكن علاج هذا الضرر ، نكون بذلك قد فرجنا عن نفسيتها بجبر هذا الضرر [2] وفى هذا يقول أحد الفقهاء المعاصرين :" وقد أجزت ذلك على أساس أنه نوع من العلاج العضوى والنفسى لمن يتعرض لهذه الجريمة ـ الاغتصاب ـ فى مجتمعاتنا الإسلامية التى تعتبر أن عذرية الفتاة هى سر حياتها وأن فقدها يعنى موتها نفسيا " [3].

٤ ـ إن قيام الطبيب المسلم بإخفاء تلك القرينة الوهمية فى دلالتها على الفاحشة له أثر تربوى عام فى المجتمع وخاص يتعلق بالفتاة نفسها فأما الأثر العام فبيانه أن المعصية إذا خفيت لم تضر إلا صاحبها ، فإذا أعلنت ولم تنكر أضرت بالعامة ـ وأما الأثر التربوى الخاص بالفتاة فذلك أن الطبيب برتقه بكارتها إنما يشجعها على التوبة وييسر لها أمرها [4].

كما أن رتق غشاء البكارة يوجب دفع الضرر عن أهل المرأة ، فلو تركت الفتاة من غير رتق وأطلع الزوج على ذلك أضرها وأضر أهلها ، وإذا شاع الأمر بين الناس ، فإن تلك الأسرة قد يمتنع التزوج منها فلذلك يشرع لها دفع ذلك الضرر لأنها بريئة من سببه [5].

---

(١) فى نفس المعنى المستشار : عبد المنعم إسحاق ـ رأيه فى جريدة الأهرام المصرية ـ عدد الجمعة ١٩٩٨/١١/٢٧م .

(٢) د. أحمد بدوى ـ نقل وزرع الأعضاء البشرية ص٨٧ .

(٣) أستاذنا الدكتور/ نصر فريد واصل ـ رأيه بجريدة الأهرام ـ عدد الجمعة ١٩٩٨/١١/٢٧م .

(٤) فى نفس المعنى د. محمد نعيم ياسين ـ بحوث فى قضايا طبية معاصرة ص ٢٣٣ ، ٢٣٤ ، د/ محمود الزينى ـ العمليات التعويضية ص١٣٨ .

(٥) د. محمد المختار الشنقيطى ـ أحكام الجراحة الطبية ص ٤٣١ .

## الترجيح

بعد عرض آراء الفقهاء وأدلتهم فى حكم جراحة رتق غشاء البكارة يترجح لدى القول بجواز رتق غشاء البكارة للستر على الفتيات اللاتى لا إرادة لهن فى زوال هذا الغشاء ، ولعدم كفاية تحرير الشهادة الطبية التى يدون فيها سبب التمزق، فى إقناع زوج المستقبل ببراءة زوجته ، وعدم إقناع المتسامعين بذلك من الناس ، ولأن هذه الجراحة ليس فيها غش أو خداع ، لأن الغش إنما هو إخفاء عيب أو نقص فى المحل بحيث يبدو أمام طالبه خاليا من ذلك العيب ٠

كما أن القول بأن هذا التصرف يفتح باب الكذب أمام الفتيات وأهليهن يمكن إقفاله متى كان الطبيب ماهرا وأمينا فى تشخيصه الحالة المعروضة أمامه ، فإذا تبين له أن زوال البكارة كان نتيجة اغتصاب أو وثبة أو تدفق دم حيضة أجرى الجراحة وإن تبين له خلاف ذلك امتنع ـ كما أن القول بأن هذه الجراحة فيها كشف العورات فيمكن دفعه بما قرره الفقهاء من جواز كشف العورة إذا وجدت حاجة أو مصلحة راجحة أو ترتب على الكشف دفع مفسدة أعظم من مفسداته ٠

جاء فى قواعد الأحكام :" وفى كشف العورات والنظر إليها مفسدتان محرمتان على الناظر والمنظور إليه لما فى ذلك من هتك الأسرار ، ويجوزان لما يتضمنانه من مصلحة الختان أو المداواة أو الشهادات على العيوب أو النظر إلى فرج الزانيين لإقامة حدود الله [(1)]٠

---

(١) العز بن عبد السلام ـ قواعد الأحكام فى مصالح الأنام جـ١ ص ١٦٥ ٠

## موقف القانون الوضعى من عمليات الرتق العذرى

سبق القول بأن عملية رتق غشاء البكارة ، من الجراحات المستحدثة التى عرفها الناس بعد تقدم العلوم والمعارف الطبية والتكنولوجية الحديثة ، وأن القانون الجنائى قد أباح جراحات التجميل كنوع من العمليات الجراحية الحديثة متى كانت تستهدف إصلاح عضو ، وإعطاؤه الشكل الطبيعى له ، ولما كانت جراحة رتق غشاء البكارة تقترب كثيرا من الجراحات التجميلية ، بل يمكن أن تندرج تحت نوع منها ، إذ أن الرتق ما هو إلا إصلاح عضو تالف وإعطاؤه الشكل الطبيعى الذى كان عليه ، وإذا كان القانون الجنائى يبيح عمليات التجميل إذا لم يكن من شأنها أن تنال الصحة بضرر ، ولا تهدر مصلحة الجسم فى أن يسير السير الطبيعى العادى [١] ، فإنه يمكن القول بأن القانون الجنائى لا يمانع من إجراء مثل هذه الجراحات ـ جراحة رتق غشاء البكارة ـ متى تم ذلك برضاء صاحبة الشأن مع ابتغاء المصلحة المرجوة من إجرائها ، ولم يحدث من جراء ذلك ضرر أشد من المصلحة المنتظرة [٢]٠

أما فيما يتعلق بموقف فقهاء القانون والطب الشرعى فإننا نجد أقوالا متباينة فى مدى شرعية عملية الرتق العذرى لمن زالت بكارتها بسبب لا دخل لها فيه ، ويمكن حصر الخلاف فى قولين ٠

---

(١) د٠ محمود نجيب حسنى ـ المرجع السابق فقرة ١٨٥ ص ١٨٩ ٠

(٢) د٠ رمسيس بهنام ـ الجريمة والمجرم والجزاء ص ٢٢٧ ، فى نفس المعنى د/ محمود الزينى ـ المرجع السابق ص ٢٢١ ٠

**القول الأول :**

ـ فقد ذهب بعض فقهاء القانون والطب الشرعى إلى عدم جواز إجراء هذه العملية ، وقد احتج هؤلاء لقولهم بما يلى :

١ ـ إن القول بعدم الجواز فيه سد لباب الذريعة من حيث أن إباحة إعادة عذرية الفتاة يعمل على زيادة عمليات الترقيع المنتشرة فى العيادات السرية ويفتح الباب أمام كلا من الفتيات والأطباء معا بحدوث تجاوزات غير أخلاقية لا يمكن تلافيها مهما وضعنا من ضوابط وموانع [(١)].

٢ ـ إن عملية إعادة غشاء البكارة تنطوى على غش وتدليس الزوج وبيانه أن الدين الإسلامى حث على الصراحة والأمانة فإذا كان من المقرر شرعا أنه يجب على ولى الأمر إخبار المتقدم للفتاة بوجود أية علة مرضية قد تكون مانعة من الرضا ، فإن إخفاء هذا التمزق ، وإخفاء سببه يكون من الغش والتدليس المنهى عنه [(٢)].

**القول الثانى :**

ذهب البعض من فقهاء القانون إلى القول بجواز هذه العملية لمن زالت بكارتها بسبب لا دخل لها فيه ، وقد احتج هؤلاء لقولهم بما يلى :

---

(١) قال بذلك الرأى : د٠ أحمد محمد بدوى ـ نقل وزرع الأعضاء البشرية ص٩٩ ط سعد سمك للمطبوعات القانونية والإقتصادية ط ١٩٩٩م ،د٠ البيومى محمد البيومى ـ رأى سيادته المبلغ لباب القانون بجريدة الأهرام المصرية فى عددها الصادر فى ١٩٩٨/١٠/٢٣م ص٢٩ العدد ٤٠٢٦٣ السنة ١٢٣ ٠

(٢) فى نفس المعنى : المستشار : عبد العاطى الشافعى ـ رأى سيادته بمجلة حواء المصرية فى عددها الصادر بتاريخ ١٩٩٨/١١/٢٨م العدد ٢٢٠١ ص١٣ ٠

١ ـ أن فى القول بجواز هذه العملية تخليص للفتاة من آلام معنوية كثيرة ، وأن هذا العمل لا يؤدى إلى إشاعة الفاحشة إذ أن الفتاة لم تقع فيما لا يعد معصية ، وإنما زالت بكارتها رغما عنها ٠

٢ ـ أن المجتمع قد قصر ـ فى حماية الفتاة المغتصبة ، ولعل أبسط ما يقدمه المجتمع لهذه الفريسة كنوع من أنواع التكافل الإجتماعى إباحة مراعاة عذريتها حتى تستطيع أن تحيا بين أفراد مجتمعها وقد استردت شرفها وكرامتها [١] ٠

---

(١) فى نفس المعنى د٠ محمود الزينى ـ المرجع السابق ص ١٤٧ ٠

## الموازنة بين الفقه الإسلامى والقانون الوضعى

بعد عرض موقف الفقه الإسلامى والقانون والطب الشرعى من حكم إعادة البكارة لمن زالت عنها بسبب لا دخل لها فيه ، وبتطبيق القواعد العامة لعمليات جراحة التجميل ـ على عملية الرتق العذرى باعتبار أنها تستهدف إصلاح عضو وإعطاؤه الشكل الطبيعى له ـ يتفق القانون الجنائى فى إباحته لمثل هذه الجراحات وما قرره بعض فقهاء الشريعة الإسلامية المعاصرين من جواز إعادة غشاء البكارة ، ويمكن رد ما احتج به المخالف بوضع شروط وضوابط تضمن عدم إشاعة الفاحشة واتخاذ هذه العمليات وسيلة للغش والتدليس بما يلى :

١ ـ التيقن من زوال البكارة بسبب لا دخل للفتاة فيه كالإغتصاب والسقوط من أعلى ، والحمل الثقيل وتدفق دم الحيض ، وطول العنوسة ٠

٢ ـ يجب أن يصدر إذن من النيابة العامة أو القضاء المستعجل فى حالة الاغتصاب ـ للطبيب المتخصص بإجراء هذه العملية حتى لا تنشأ عن هذه الجراحة علة دائمة تكون أشد من تلك التى كان يراد بالجراحة محوها ، وحتى لا نفتح الباب على مصراعيه أمام الساقطات ٠

٣ ـ يجب فى حالة الاغتصاب قبل إجراء هذه العملية استبراء الرحم من تلك النطفة القذرة التى أودعها الجانى منعا لاختلاط الأنساب [1]٠

---

(١) د٠ عبد الفتاح بهيج العوارى ـ جريمة اغتصاب الإناث ، والمشاكل المترتبة عليها ـ دراسة مقارنة ـ ط ١٤٢١هـ ـ ٢٠٠٠م ٠

# الباب الثانى

## حكم جراحة غشاء البكارة للزنى ، ومسئولية الطبيب
## وأثر زوال البكارة على الرد بالعيب وفى إنكاح المرأة

**الفصل الأول : حكم جراحة غشاء البكارة للزنى**

**المبحث الأول : فى التعريف بالزنى ، ودليل وحكمة تحريمه فى الفقه الإسلامى ٠**

المطلب الأول : فى التعريف بالزنى فى الفقه الإسلامى ٠

المطلب الثانى :فى دليل وحكمة تحريم الزنى فى الفقه الإسلامى ٠

المبحث الثانى : فى التعريف بالزنى فى القانون وعلة تجريمه ٠

المطلب الأول :فى التعريف بالزنى فى القانون ٠

المطلب الثانى : فى علة تجريم الزنى فى القانون ٠

**المبحث الثالث : حكم الرتق العذرى للزنى فى الفقه الإسلامى والقانون ٠**

المطلب الأول : المفاسد التى يعد الرتق العذرى مظنة لها٠

المطلب الثانى : حكم الرتق العذرى للزنى ٠

## الفصل الأول

## أحكام رتق غشاء البكارة لمن زالت بكارتها بالزنا

**تمهيد وتقسيم :**

سبق القول بـأن زوال غشـاء البكـارة قـد يكـون بغـير جـماع ، كمـن زالـت
بكارتها بوثبة ، أو سقطة من علو ، أو تدفق دم حيض ، أو لإزالة ورم برحم ، وقد
يكـون نتيجة جماع محرم لا اختيار للفتاة فيه ، كمن اغتصبت فزالت بكارتها
نتيجة الاعتداء الآثم من شخص لا يلقى لهتك أعراض النساء بالا ، وقد سبق بيان
حكم رتق الغشـاء فيها ، كما قد يكون زوال البكـارة نتيجـة جماع محـرم وقعـت
فيه الفتاة باختيارها وبمحض إرادتها وهو ما يعبر عنه بالزنى ، وقبـل بيان حكم
رتق غشاء البكارة فى هـذه الحالـة للقـول بـالجواز مـن عدمـه ، يتطلـب المقـام
تعريف الزنى ، ودليل حرمته ، وهذا ما سوف نعرض له فيما يلى :

## المبحث الأول
## تعريف الزنى فى الفقه الإسلامى وحكمة تحريمه
### المطلب الأول
### تعريف الزنى فى الفقه الإسلامى

**أولا : تعريف الزنى فى اللغة :**

يطلق الزنى فى اللغة : ويراد به : الوطء بغير عقد شرعى جاء فى معجم الوجيز :" زنى وزناء ، أتى المرأة من غير عقد شرعى ، ويقال ٠ زنى بالمرأة فهو زان جمع زناة ، أو هى زانية جمع زوان "[١]٠

**ثانيا : تعريف الزنى فى اصطلاح الفقهاء :**

لقد تعددت عبارات الفقهاء فى تعريف الزنى ولكن بالتأمل فى هذه العبارات [٢] نرى أنها فى جملتها لا تخرج عن كون

---

(١) معجم الوجيز ص ٢٩٤ ، ط ١٩٩٧م ٠

(٢) جاء فى فتح القدير " الزنى وطء الرجل المرأة فى القبل من غير الملك وشبهة الملك " الكمال بن الهمام ـ فتح القدير جـ٥ص ٢٤٧ ط الحلبى ط ١٩٧٠م ، وجاء فى حاشية الدسوقى " الزنى وطء مكلف مسلم آدمى لا ملك له فيه باتفاق تعمدا ٠ الدسوقى ـ حاشيته ـ جـ٤ ص٣١٣ ط الحلبى ٠

وجاء فى مغنى المحتاج " الزنى : إيلاج حشفة أو قدرها من الذكر المتصل الأصلى من الآدمى الواضح ٠٠٠ بفرج أى قبل أنثى ٠ الشربينى الخطيب ـ مغنى المحتاج جـ٤ص ٤٣ ط الحلبى ط ١٩٥٨م٠

وجاء فى شرح منتهى الإرادات " الزنى : فعل الفاحشة فى قبل أو دبر "البهوتى ـ شرح منتهى الإرادات جـ٣ص ٣٤٢ ط أنصار السنة المحمدية ٠ ==

الزنى هو : عبارة عن اتفاق وتعمد رجل وامرأة عـالمين بتحـريم الزنـا ، عـلى إيلاج ذكره فى فرجها فى غير عقد ولا ملك ولا شبهة ٠

وهذا التعريف عرف الزنى بما يوجـب الحـد بقولنـا :" اتفـاق" يخـرج بمـا لا اتفاق فيه كالإكراه فإنه لا يسمى زنى شرعا وقولنا "تعمد" يخرج بما إذا وقع الـزنى بغير تعمد بأن كان عن خطأ فإنه لا يوجب الحد ، وقولنا " عالمين " بتحريم زنى " يخرج بما إذا وقع الزنى عن جهل بحكم التحريم كمن زنى بأختـه مـن الرضـاعة ٠ وقولنا " إيلاج ذكره فى فرجها " يخرج الإيلاج فى غير القبل فإنـه لا يسـمى زنـا ولا يوجب الحد لأنه لواط ، وقولنا :" من غير عقد ولا ملك ولا شبهة " يخرج الوطء بعقد وإن كان فاسدا أو باطلا فإنه لا يوجب الحد لوجـود شـبهة فى العقـد تمنـع الحد ويخرج وطء ملك اليمين وشبهة الملك ، فإنهما لا يوجبان الحد ٠

---

==وجاء فى المحلى :" الزنى : وطء من لا يحل له النظر إلى مجردهـا وهـو عـالم بـالتحريم " ابـن حزم ـ المحلى جـ١١ص ٢٢٩ ط دار الآفاق الجديدة ٠

وجاء فى البحر الزخار :" الزنى : إيلاج فرج فى فرج من قبل أو دبر " ابـن المرتضى ـ البحـر الزخار جـ٦ص ١٣٩ ٠

وجاء فى شرائع الإسلام " الزنى "إيلاج الإنسان ذكره فى فرج امرأة محرمة فى غير عقد ولا ملك ولا شبهة " ٠ الجعفرى ـ شرائع الإسلام فى الفقه الإسلامى جـ٢ص ٢٤٣ ط مكتبة الحياة ٠

## المطلب الثانى

## حكمة تحريم الزنى فى الفقه الإسلامى

الزنى جريمة من أبشع الجرائم وكبيرة من الكبائر والحكمة من تحريمه تتمثل فى عدة وجوه :

١ ـ انتهاك الأعراض : لا شك أن جريمة الزنا لها أثرها السيئ على المجتمع من حيث إنها تؤدى إلى النيل من كرامة الناس وتحط من قدرهم ، وكم من أعراض وعائلات ضاعت وضاع شرفها بسبب هذه الجريمة ، وبالتالى فإن من يقترف هذه الجريمة يكون عرضة للذل والمهانة ، ولا يوجد للإنسان أغلى وأسمى من عرضه وشرفه فإذا ضاع فقد كل شئ ، فالعرض أغلى من المال ، وهو حماية للعائلة التى هى نواة المجتمع [(١)] ٠

٢ ـ الفقر : والمراد به ليس فقرا ماديا فحسب ، بل قد يكون فقرا معنويا ، كالفقر فى الصحة والإيمان ، وهذا ما أخبر عنه النبى صلى الله عليه وسلم ، بقوله : الزنا يورث الفقر [(٢)] ولقد أدرك الإسلام طبيعة الفقر وعلاقته بالإنحراف السلوكى فاستعاذ منه صلى الله عليه وسلم بقوله اللهم إنى أعوذ بك من الكفر والفقر وعذاب القبر[(٣)] ٠

---

(١) د/ عطا السنباطى ـ بنوك النطف والأجنة ص٩٤ ، ٩٥ ، د/ توفيق شمس الدين ـ الحماية الجنائية للحق فى صيانة العرض ص٤٦ ، ٤٧ طبعة ١٩٩٩ ٠

(٢) المنذرى ـ الترغيب والترهيب عبد العظيم عبد القوى المنذرى أبو محمد جـ٣ص ١٨٧ رقم ٣٦١٠ ، الطبعة الأولى ـ بيروت ١٤١٧هـ

(٣) د/ مصطفى ديب البغا ـ نظام الإسلام فى العقيدة والأخلاق والتشريع ص٢٤٠ ، ٢٤١ ، دار الفكر ـ دمشق ١٩٩٧م ، د/ دنيا محمد صبحى ـ الحماية الجنائية للأسرة ص٥٣٣ ٠

٣ ـ إنتشار الأمراض : لاشك أن تحريم الزنا ضرورة لازمة للوقاية من الأمراض ومنع تفشيها فى المجتمع ، وذلك لأن المخالطة والمعاشرة مع هذا وذاك تؤدى إلى انتقال الأمراض فيعم الخطب وينتشر البلاء وتنتقل العدوى ، وحكمة الله تعالى فى تحريمه لهذه الجريمة حماية للبشرية من المهلكات التى تقضى على الحياة الإنسانية ، إذ أن إعلان الفاحشة وانتشارها فى قوم إنما هو بداية لأن يصرعوا وأن يفتك بهم بسبب الأمراض الخطيرة التى تصيبهم جزاء فعلهم ، والتى تأتى على الصحة والأبدان ، فهذه الجريمة تتلف الجسد [1] ، ولهذا احترز النبى صلى الله عليه وسلم من شؤم هذه الجريمة وخطرها فقال صلى الله عليه وسلم فيما رواه ابن ماجة وأبو نعيم :" يا معشر المهاجرين خمس اذا ابتليتم بهن وأعوذ بالله أن تدركوهن لم تظهر الفاحشة فى قوم قط حتى يعلنوا بها إلا فشا فيهم الطاعون ، والأوجاع التى لم تكن مضت فى أسلافهم الذين مضوا [1] .. الخ .

٤ ـ حفظ الأنساب : لأنها إذا ضاعت لم تكن هناك شعوب وقبائل وبطون وأفخاذ وشعائر فيفقد التعارف الذى أراده الله سبحانه وتعالى بقوله : ﴿ يا أيها الناس إنا خلقناكم من ذكر وأنثى وجعلناكم شعوبا وقبائل لتعارفوا إن أكرمكم عند الله أتقاكم﴾ [2] كما أن الزنا يؤدى إلى فقد العصبة التى يستمد منها الإنسان قوته لأن الإنسان إذا دهمه خطب وألم ونزل به كرب يحوجه إلى النصرة فلا يجد إلا ذوى القربى الذين لهم به اتصال فى النسب والقرابة وبهذا ينصلح حال الكون ، وتوجد الراحة الإنسانية [3] .

---

(١) سنن ابن ماجة جـ٢ص ١٣٣٢ رقم ٤١٩ ، تحقيق / محمد فؤاد عبد الباقى ـ دار الفكر .

(٢) سورة الحجرات آية ١٣ .

(٣) الشيخ / أحمد الجرجاوى ـ حكمة التشريع جـ٢ص ٢٨١ .

## المبحث الثانى

## تعريف الزنا وعلة تجريمه فى القانون الوضعى

### المطلب الأول

### تعريف الزنا فى القانون الوضعى

لقد تعددت تعريفات فقهاء القانون للزنى فعرفه البعض بأنه اتصال شخص متزوج رجلا أو امرأة اتصالا جنسيا بغير زوجة [١]٠

وعرفه البعض الآخر بأنه ارتكاب الوطء غير المشروع من شخص متزوج امرأة أو رجل برضاهما حال قيام الزوجية فعلا أو حكما [٢]٠

وعرفه البعض بتعريف مقارب لهذا التعريف بأنه :" الوطء الذى يحصل من شخص متزوج حال قيام الزوجية فعلا أو حكما " [٣]٠

---

(١) د٠ نجيب حسنى ـ الحق فى صيانة العرض ص٧٣ دار النهضة العربية ٠

(٢) د٠ عبد الخالق النواوى ـ جريمة الزنا فى الشريعة الإسلامية ص٧ طبعة ١٩٧٣ ـ دار الفكر ٠

(٣) د٠ عبد المهيمن بكر ـ قانون العقوبات القسم الخاص ص ٧٢٢ السابق ١٩٧٧ ـ دار النهضة العربية ٠

## المطلب الثانى

## علة تحريم الزنا فى القانون الوضعى

يحمى المشرع الوضعى العلاقة الزوجية بتحريمه لفعل الزنا وذلك على أساس أن الزواج كنظام قانونى واجتماعى يرتب حقوقا والتزامات على كلا طرفيه ومن أهم هذه الالتزامات صيانة العلاقة الزوجية القائمة واستئثار كل زوج بالآخر فى هذه العلاقة وهذه الحقوق والإلتزامات المتبادلة هى جوهر الزواج ومقصده وفحواه ، ولما كان الزواج أساس الأسرة والمجتمع ، فإن جريمة الزنا لا تعد مساسا بحقوق وكرامة الزوج المجنى عليه فقط ، بل هى اعتداء على المجتمع بأكمله[1] وبذلك يتضح أن العلة من تجريم الزنا فى الشريعة الإسلامية أوسع مجالا من العلة أو الغاية من التجريم فى القانون الوضعى فلقد غلبت الشريعة الإسلامية حق المجتمع على حق الفرد فى هذه الجريمة باعتبار أن هذه الجريمة من الجرائم التى تمس كيان المجتمع وتهدم بنيانه وتزلزل أمنه واستقراره بل من الممكن أن تقضى عليه ومن ثم لا يستطيع أحد أن يسقط العقوبة عن هذه الجريمة أو يتنازل عنها ٠

---

(١) د/ عبد المهيمن بكر : قانون العقوبات ـ القسم الخاص ـ ص ٧٢٢ دار النهضة العربية ١٩٧٧ ، د/ عبد الرحيم صدقى ـ جرائم الأسرة فى الشريعة الإسلامية والقانون المصرى والفرنسى ـ ص٢٠١ ـ نهضة الشرق ١٩٨٨ ، د/ محمود نجيب حسنى ـ الحق فى صيانة العرض ص٧٣ ـ دار النهضة العربية ٠

## المبحث الثالث

## جراحة إعادة غشاء البكارة

## لمن زالت بكارتها بوطء اختياري محرم - الزنى -

يبدو لأول وهلة أن رتق غشاء بكارة تمزقت نتيجة زنى وقعت فيه الفتاة بإختيارها ، وهى بالغة عاقلة - لا يترتب عليه شئ من المصالح ؛ ذلك لأن المصالح المترتبة على الرتق مبناها فى جملتها على استتار أمر الفتاة ، وعدم افتضاحه ، فإذا كان أمرها مفتضحا لم يكن الستر عليها مجديا بإصلاح بكارتها ولا يكون لهذا الإصلاح أى أثر فى إشاعة حسن الظن بين الناس ؛ لأن دوافع سوء الظن قد وجدت بشيوع أمر الفاحشة وكذلك لا يكون لهذا الرتق أى أثر فى منع ردود الفعل الإجتماعية ٠

يتأيد هذا بما قرره بعض العلماء من أن العصاة الذين يندب الستر فى حقهم هم أولئك الذين لم تتكرر منهم المعصية ولم تعرف عنهم ، وأما الذين تكررت معصيتهم فالأولى الإخبار عنهم وعدم سترهم [(1)] والتعليل السابق ربما لا يكون مقبولا على إطلاقه فى حالة ما إن كانت الفتاة قد زنت مرة واحدة ، ولم يفتضح أمرها بين الناس وعلى ذلك فإن مظنة المصالح التى تترتب على رتق بكارتها والتى سبق عرضها والتى منها مظنة الستر وتشجيعها على التوبة والإحجام عن

---

(١) العز بن عبد السلام - قواعد الأحكام - جـ١ص ١٨٩ ٠

العودة إلى الفاحشة ، ومظنة إشاعة حسن الظن بين المؤمنين ووقايتها من سوء الظن ، والإحساس بالمساواة فى درء المفاسد عنها مثل الرجل مرجو تحققها ، لذا فإن الوصول إلى استنباط الحكم الشرعى لهذه الجراحة بهذا السبب المشين يستدعى إفراد المفاسد التى تعد هذه الجراحة مظنة لها كما سبق عرض المصالح فى رتق غشاء البكارة للأسباب اللاإرادية مظنة لها للاستئناس بها فى تعليل الحكم بالحل أو بالحرمة ٠

## المطلب الأول

## المفاسد التي تعد هذه الجراحة مظنة لها

لا تخلو عملية رتق غشاء البكارة بسبب زنى إختياري محرم مـن أن تكـون مظنة لكثير من المفاسـد ، كـالغش والخـداع وكشـف العـورة ، وتشـجيع ارتكـاب الفاحشة ، وسوف نلقي الضوء على هذه المظان ، وإيضاحها بمزيـد مـن البيـان ، وذلك فيما يلي :

## أولا : الغش والخداع :

لا شك أن في قيام الطبيب بإعادة غشاء بكارة فتاة تمزقت بكارتها أثر سلوك شائن ارتكبته ، فيه غش وخديعة للزوج مـن حيـث أنـه يحجـب عنـه علامـة لـو عرفها الزوج لما أقدم على الزواج من هذه الفتاة احتياطا لنسـله ، وخوفا مـن أن تدخل عليه من الأولاد من ليس من صلبه ، وفيه تـرك لـلأولى وهـو إظهار هـذه العلامة لتتزوج بمثلها[1] قال اللـه تعـالى : ﴿ الـزاني لا يـنكح إلا زانيـة أو مشركة والزانية لا ينكحها إلا زان أو مشرك وحرم ذلك على المؤمنين ﴾ [2] .

قال بعض المفسرين والعلماء :" أن الزاني إذا تزوج عفيفة وأن الزانية إذا تزوجها عفيف فرق بينهما " [3] .

ومن جهة أخرى فإن قيام الطبيب بعمله هذا يكون قـد فوت علـى الـزوج خياره في فسخ النكاح الذي قرره الفقهاء للزوج الـذي اشـترط علـى الزوجـة أنها عذراء فبانت ثيبا [4] .

---

(١) د/ محمد نعيم ياسين ـ بحوث فقهية في قضايا طبية ص٢٣٥ .
(٢) سورة النور ـ جزء من الآية ٣ .
(٣) القرطبي ـ الجامع لأحكام القرآن جـ١٢ص ١٦٩ .
(٤) ابن القيم ـ زاد المعاد جـ٤ص ٧ ط المطبعة المصرية .

ولا يلزم التصريح بالشرط فالمعروف عرفا كالمشروط شرطا[1] ، من حيث أن الطبيب أوهم الزوج بعذرية مصطنعة ، وأن شرط العذرية متحقق فيها [2] والغش محرم سواء كان ذلك فى عقود البيع أو فى عقود النكاح أو فى إبداء الرأى أو فى أداء الأعمال ، وقد دلت على ذلك النصوص من السنة النبوية منها قول الرسول صلى الله عليه وسلم :"من غشنا فليس منا " [3]٠

وليس هناك ضررا أشد من أن يدلس الطبيب على الزوج فى عرضه ٠

**ثانيا : تشجيع الفاحشة :**

لقد حذرت الشريعة الإسلامية بنصوصها من الزنى ، وسدت جميع الأبواب الموصلة إليه بتشريع حد الزنى ، وأمرت بستر العورة ، ونهت عن خلوة الرجل بالمرأة ، والنظر إليها ، وعلى ذلك فإن قيام الطبيب برتق غشاء بكارة فتاة ارتكبت الفاحشة طوعا يتنافى مع مقاصد الشريعة من حيث أنه يؤدى إلى التشجيع إلى فعل فاحشة الزنى قال الله تعالى : ﴿ إن الذين يحبون أن تشيع الفاحشة في الذين آمنوا لهم عذاب أليم في الدنيا والآخرة﴾ [4] فالفتاة إذا علمت أنه بإمكانها التخلص من آثار جريمتها بإصلاح ما أفسدته تلك الجريمة بإجراء هذه الجراحة

---

(١) غمز عيون البصائر فى الأشباه والنظائر ٠ أحمد محمد الحموى جـ٤ص ٢٠٦ دار الكتب العلمية ٠

(٢) د/ محمود الزينى ـ البحث السابق ص١٤٠ ، ٠د محمد نعيم ياسين ـ المرجع السابق ص ٢٣٦ ٠

(٣) صحيح مسلم ، ط ١ ص٩٩ ، ١٠١ ، تحقيق محمد فؤاد عبد الباقى ـ طبعة دار إحياء التراث العربى ـ بيروت ٠

(٤) سورة النور من الآية ١٩ ٠

مقابل مبلغ زهيد ، فإن ذلك يزيل من نفسها كثيرا من التهيب والشعور بالمخاطر المستقبلية ويشجعها على إتيان المعصية ، عكس ذلك ما لو امتنع الطبيب وأحجم عن إجراء هذه العملية وعلمت الفتاة أن فعلتها سوف تترك آثارا فى جسدها يرتب عليها المجتمع عقوبات قاسية أحست بمخاطر المستقبل وأحجمت عن الفاحشة إيثارا للسلامة [١] .

**ثالثا : كشف العورة :**

من المعلوم بالضرورة أن الشريعة الإسلامية فى كافة أحكامها تحرم النظر إلى العورات ، لكل من الجنسين للآخر ، ولا يحل ذلك إلا فى حالة الضرورة التى إن لم يترتب عليها النظر للطبيب كان الهلاك أو التلف الشديد ، قال تعالى : قل للمؤمنين يغضوا من أبصارهم ويحفظوا فروجهم ﴾﴿ وقل للمؤمنات يغضضن من أبصارهن ويحفظن فروجهن ا﴾ [٢] .

وجاء فى المبسوط : " وإذا أصاب امرأة قرحة فى موضع لا يحل له أن ينظر إليه . لا ينظر إليه ، ولكن يعلم امرأة تداويها ٠٠٠ وإن لم يقدروا على امرأة تعلم ذلك ، أو علمت وخافوا أن تهلك أو يصيبها بلاء ٠٠ فلا بأس أن يستروا منها كل شئ إلا موضع تلك القرحة ، ثم يداويها رجل " [٣] .

وورد عن السيوطى قوله :" لو فصد أجنبى إمرأة وجب أن يستر جميع ساعدها ولا يكشف إلا ما لابد منه للفصد " [٤] .

(١) د. محمود الزينى ـ البحث السابق ص١٤٠ ، د. محمد نعيم ياسين ـ المرجع السابق ص٢٣٦ .

(٢) سورة النور ـ من الآية ٣٠ ، ٣١ .

(٣)السرخسى ـ المبسوط جـ١٠ص ١٥٦ وما بعدها .

(٤) السيوطى ـ الأشباه والنظائر ـ ص ٨٥ .

وورد عن ابن نجيم قوله :" ما أبيح للضرورة يقدر بقدرها"  والطبيب إنما ينظر إلى العورة بقدر ما تتحقق به الضرورة"[1].

ولما كان فرج المرأة وما حوله عورة مغلظة لا يجوز النظر إليه ولا لمسه لغير الزوج سواء كان اللامس أو الناظر رجلا أو امرأة ولا يجوز ذلك إلا للطبيب فى حالة الضرورة لذا فإن قيام الطبيب برتق غشاء بكارة لفتاة أزالت بكارتها بفعل فاحشة الزنى بقصد إظهارها فى صورة بكر مظنة أن لا يعد من الضرورة التى تبيح النظر أو لمس العورات .

(١) ابن نجيم ـ الأشباه والنظائر ـ ص ٨٦ .

## المطلب الثانى

## حكم الرتق العذرى لمن زالت بكارتها بوطء حرام

## (( الزنى)) فى الفقه الإسلامى والقانون الوضعى

**أولا : حكم رتق غشاء البكارة لمن زالت بكارتها بالزنى فى الفقه الإسلامى ٠**

لزوال بكارة الفتاة بزنى حرام صورتان :

**أولاهما** : أن تكون الفتاة قد ظهر زناها ، وعرف بين الناس كالبغى التى اشتهرت بالفاحشة ، وكالتى صدر عليها حكم قضائى بالزنى ، وقد اتفق الفقهاء على عدم جواز رتق غشاء البكارة لمثل هذه الفتاة ، ذلك لأن ما تقدم ذكره من المصالح ودفع المفاسد المترتب على الرتق مبناه فى جملته على ستر أمر الفتاة ، وعدم افتضاحه ، فإذا كان أمرها مفتضحا لم يكن الستر عليها مجديا بإصلاح بكارتها ، ولا يكون لهذا الإصلاح أى أثر فى إشاعة حسن الظن بين الناس ، لأن دوافع سوء الظن قد وجدت بشيوع أمر الفاحشة ، وكذلك لا يكون لهذا الرتق أى أثر فى منع ردود الفعل الاجتماعية [1]٠

**ثانيهما** : أن تكون الفتاة قد زنت مرة واحدة ، ولم يفتضح أمرها بين الناس ، ولا عرض على القضاء ، وفى حكم رتق غشاء البكارة لمثل هذه الفتاة اختلف الفقهاء ، ويمكن حصر الخلاف فى قولين :

---

(١) فى نفس المعنى د٠ محمد نعيم ياسين ـ بحوث فقهية فى قضايا طبية معاصرة ص٢٤٥ ٠

**القول الأول :**

ذهب الجمهور من الفقهاء المعاصرين إلى القول بعدم جواز رتق غشاء البكارة لمن زالت بكارتها بوطء حرام ـ الزنى ـ سواء اشتهرت بالزنى أم لم تشتهر ، وسواء عرض الأمر على القضاء أم لم يعرض [1].

**القول الثانى :**

ذهب بعض الفقهاء المعاصرين إلى جواز رتق غشاء بكارة لفتاة زالت بكارتها بوطء حرام مرة واحدة ، ولم يفتضح أمرها بين الناس [2].

---

(١) الشيخ عز الدين التميمى ـ رتق غشاء البكارة من منظور إسلامى ـ المنظمة الإسلامية للعلوم الطبية ـ ندوة الرؤية الإسلامية لبعض الممارسات الطبية ، المنعقدة بالكويت ١٩٨٧م ص٥٦٣ .

د/ محمد المختار الشنقيطى ـ أحكام الجراحة الطبية ص٤٠٧ ، أستاذنا الدكتور/ نصر ـ فريد ـ رأيه فى جريدة الأهرام عدد الجمعة ١٩٩٨/١١/٢٣م ، د٠ محمد سيد طنطاوى ـ رأيه فى مجلة التصوف الإسلامى العدد ٨ شعبان ١٤١٩هـ ، نوفمبر ١٩٩٨م ص٢ ، د٠ محمد عودة ـ رأيه فى مجلة التصوف العدد السابع ص٢٢ ، الشيخ محمد المختار السلامى ـ الطبيب بين الإعلان والكتمان ـ بحث منشور لسلسلة مطبوعات المنظمة الإسلامية السابقة ص٨٨ ، د٠ توفيق الواعى ـ حكم إفشاء السر ـ فى الإسلام ـ بحث منشور سلسلة مطبوعات المنظمة السابقة ص١٧١ ، د٠ محمد الزينى ـ مسئولية الأطباء عن العمليات التعويضية والتجميلية والرتق العذرى ص١٥٠ وما بعدها ، د٠ محمد خالد منصور ـ الأحكام الطبية المتعلقة بالنساء فى الفقه الإسلامى ص٢٢٨ .

(٢) د٠ محمد نعيم ياسين ـ عملية الرتق فى ميزان المقاصد الشرعية ـ بحث منشور بالمؤتمر السابق ص٥٩٤ ومجلة الشريعة والدراسات الإسلامية بالكويت العدد العاشر شعبان ١٤٠٨هـ ١ إبريل ١٩٨٨م===

## الأدلـــــة

**أدلة الجمهور :**

استدل الجمهور من الفقهاء المعاصرين على قولهم بعدم جواز إجراء جراحة رتق غشاء البكارة لمن زالت بكارتها بالزنى المحرم مطلقا سواء أشتهر أم لم يشتهر بأدلة من المعقول مدعمة بالنصوص الشرعية ٠

إن إجراء مثل الجراحة يؤدى إلى اختلاط الأنساب ، وتشجيع على الفاحشة ، وفيه تمويه وغش وخداع لمن يريد الزواج بهذه الفتاة ، وقد تناولنا هذه الأدلة بمزيد من التفصيل عند عرضنا لأدلة الجمهور بعدم جواز رتق غشاء البكارة لمن زالت بكرتها نتيجة اغتصاب ، فنحيل إليه خشية التكرار ٠

٢ ـ أن من القواعد الشرعية ( الرخص لا تناط بالمعاصى )[1] وبتطبيق أحكام تلك القاعدة على مسألة رتق وإصلاح بكارة فتاة زالت بسبب زنى باشرته عن طواعية واختيار وهى به عاصية مفرطة فى عرضها وشرفها فكيف يباح لها رتق غشاء بكارتها ، للستر عليها ، وليخدع الزوج فى شرفها؟[2] ٠

---

===ص١٠٠ ، بحوث فقهية فى قضايا طبية ـ لنفس المؤلف ص٢٤٦ ، د٠ محمود طه ـ الحماية الجنائية للعلاقة الزوجية دراسة مقارنة ص٢٠١ ٠

(١) السيوطى ـ الأشباه والنظائر ص٩٥ ٠

(٢) فى نفس المعنى د٠ ذكى حسن زيدان ـ المرجع السابق ص ٣٠٧ ط ١٤٢١هـ ـ ٢٠٠١م ٠

٣ ـ أن المرأة التى زنت بمحض إرادتها ، وبكامل وعيها ، وغضت النظر عما يحدث لها فى المستقبل من ضياع عذريتها بسبب هذا التصرف تصير به مستحقة لعقاب السماء ، ولا تكون أهلا للرأفة بها أو الستر عليها قال تعالى : ﴿ ولا تأخذكم بهما رأفة في دين الـلـه إن كنتم تؤمنون بالله واليوم الآخر وليشهد عذابهما طائفة من المؤمنين ﴾ [١] إنما تكون مدعاة لإقامة الحد عليها ، فإذا لم يقم الحد عليها بسبب عدم توافر الشهود ، أو الإقرار فلا أقل من أن ندعها تلقى مصيرها كيفما يحلو لها ، وأن تلقى الجزاء غير المقدر ، إذا غاب الجزاء المقدر ، ولا يكون الطبيب مساعدا لها ولأمثالها على نشر الرذيلة وضياع العفة التى من المفروض أن تتمسك بها هى وأمثالها ، قال تعالى : ﴿وتعاونوا على البر والتقوى ولا تعاونوا على الإثم والعدوان﴾ [٢] ، وتنتظر قضاء الوطر الحرام حسبما تقضى به الشريعة الإسلامية [٣] .

أدلة القول الثانى :

استدل من قال بجواز رتق غشاء البكارة لفتاة زالت بكارتها بزنى مرة واحدة ، ولم يشتهر أمرها بأدلة منها :

١ ـ أن النصوص الشرعية دالة على مشروعية الستر وندبه عندما يكون العصاة مستترين غير مجاهرين ، وحث

ــــــــــــــــــــــــــــــــ
(١) سورة النور ـ من الآية ٢٠ .
(٢) سورة المائدة ـ من الآية ٢ .
(٣) فى نفس المعنى ـ د . ذكى ذكى حسن زيدان ـ المرجع السابق    ص٣٠٤ ، ٣٠٥ .

الشارع على الستر مظنة لدرء مفاسد كثيرة عن الفتاة وعن المجتمع كما أنه مظنة لتشجيعها على التوبة والإحجام عن العودة إلى الفاحشة ومظنة إشاعة حسن الظن بين المؤمنين ومن هذه النصوص :

أ ـ ما أخرجه البخارى عن سالم بن عبد الله قال : سمعت أبا هريرة يقول سمعت رسول الله صلى الله عليه وسلم يقول : كل أمتى معافى إلا المجاهرين ، وإن من المجاهرة أن يعمل الرجل بالليل عملا ثم يصبح وقد ستره الله فيقول : يا فلان : عملت البارحة كذا وكذا ، وقد بات يستره ربه ويصبح يكشف ستر الله عنه [1] .

**وجه الدلالة** : الحديث صريح فى الحث على الستر وعدم المجاهرة .

ب ـ ما روى عن الزبير المكى أن رجلا خطب إلى رجل أخته فذكر أنها قد كانت أحدثت فبلغ ذلك عمر بن الخطاب فضربه أو كاد يضربه ثم قال : مالك وللخبر" [2] .

قال الإمام الباجى فى شرحه لهذا الأثر :" ولا يلزم الوطء أن يخبر من حال وليته إلا بما يلزم فى ردها ، وهى العيوب

---

(1) أخرجه البخارى فى فتح البارى جـ١٠ص ٥٠١ كتاب الأدب ، باب ستر المؤمن على نفسه ، أخرجه مسلم فى شرح النووى جـ١٨ص١١٩ كتاب الزهد ، باب النهى عن هتك الإنسان ستر نفسه .

(2) أخرجه مالك فى الموطأ ص٢٣٩ كتاب النكاح باب جامع النكاح ـ ط دار الشعب ، وأخرجه عبد الرزاق فى مصنفه جـ٦ص ٢٤٦ .

الأربعة : الجنون ، والجذام ، والبرص ، وداء الفرج ، وأما غيرها من العيوب فلا يلزمه ذلك "[1] .

**مناقشة الإستدلال :**

ناقش المانعون لجراحة رتق غشاء البكارة لمن زالت بكارتها بالزنى الإختيارى على ما استدل به القائلون بالجواز من النصوص فقالوا سلمنا أن النصوص الشرعية تدل على مشروعية الستر ، ولكن الستر الذى ندبت إليه الشريعة هو المحقق لمصالح معتبرة ، وليس الستر الذى يفتح باب الشر فى المجتمع ، ومنه أن تذهب إلى زوج مخدوع بكامل شرفها الموهوم ، وبكامل عذريتها المصطنعة ، وعن طريق الغش والخداع الذى اشترك فيه كل من الطبيب وهذه الفتاة ويتسببان فى ضياع أثر أشنع جريمة وتمنع من أن يقام عليها حد الله تعالى وهو الجلد ، ولا ننسى أن ما خانت نفسها ودينها وعصيت ربها ، وضيعت شرف أهلها مع وجود ما يمنع من ذلك وهو غشاء البكارة ، فلا تأمن الخيانة بعد زواجها من باب أولى [2] .

---

(١) الباجى ـ المنتقى شرح موطأ مالك جـ٥ص ١٧٦ .

(٢) د/ محمد خالد منصور ـ المرجع السابق ص٢١٧ : ٢٢٦ ، د/ محمد مختار الشنقيطى ـ المرجع السابق ص ٤٣٢ ، ٤٣٣ ، ٤٣٤ ، د، ذكى ذكى حسن زيدان ـ المرجع السابق ص ٣١٤ ، ٣١٥ .

٢ ـ أن مفسدة كشف العورة والنظر إليها ، يمكن أن يقال فيها أن الحاجة إلى دفع مفاسد التمزق تبرر تحمل هذه المفسدة[١] ٠

**مناقشة الاستدلال :**

ناقش المانعون ما استدل به المجيزون فقالوا : لا نسلم أن دفع مفاسد التمزق يبرر مفسدة كشف العورة لأن هذا القول يفتح الباب لإجراء هذه العملية بدون داع أو مبرر وهو يؤدى إلى التساهل فى كشف العورات وخاصة إذا علمنا أن رتق غشاء البكارة ليس أمرا سهلا بمعنى أن الطبيب يحتاج فيه إلى إجراء عدة عمليات متتابعة وتعريض المرأة لكشف العورة مرات ومرات مظنة زوال حيائها فدرؤه أولى [٢] ٠

٣ ـ أن مفسدة احتمال تشجيع الفاحشة موهومة ، لأن مبناها على إبطال هذا التصرف ـ رتق غشاء البكارة ـ لفاعلية الأثر الزجرى لردود الفعل الاجتماعية التى كونتها العادات والتقاليد عند اكتشاف فتاة ذهبت بكارتها ، دون معرفة الأسباب وهذه الردود ليس لها مستند شرعى بالنسبة لفتاة لم تكن بغيا مشهورة ، وأنها عقوبات زائدة عن العقوبات المشروعة ، ومبنية على قرائن غير شرعية [٣] ٠

---

(١) د٠ محمد نعيم ياسين ـ بحوث فقهية فى قضايا طبية معاصرة ص٢٤٣

(٢) د٠ محمد خالد منصور ـ المرجع السابق ص٢٢٦ ، د٠ محمد المختار الشنقيطى ـ المرجع السابق ص٤٣٣ وما بعدها ٠

(٣) فى نفس المعنى د٠ محمد نعيم ياسين ـ عملية الرتق العذرى فى ميزان المقاصد الشرعية ص١٠٤ ، د/ محمد خالد منصور ـ المرجع السابق ص ٢١٧ : ٢٢٦ ، د/ محمد مختار الشنقيطى ـ المرجع السابق ص ٤٣٢ ، ٤٣٣ ٠

**مناقشة الاستدلال :**

ناقش المانعون لرتق غشاء البكارة ما استدل به المبيحون فقالوا لا نسلم أن احتمال تشجيع الفاحشة موهوم ، لأن درء المفاسد مقدم على جلب المصالح فمفسدة رجوعها للزنى تغلب مصلحة جواز رتق غشاء البكارة [1] ٠

## الترجيح

بعد عرض أقوال الفقهاء وأدلتهم نرى أن القول بعدم جواز رتق غشاء البكارة لفتاة زالت بكارتها بسبب الزنى المحرم هو الأولى بالقبول لأن النصوص الواردة فى الستر لا تؤيد التدخل بالأعمال الطبية للمساعدة على إشاعة الفاحشة ، وكل فتاة تستطيع أن تدعى أنها مرة واحدة أو أنها ليست لمن اشتهرت بهذه الفاحشة ، أو ربما تدعى أنها كانت مجبرة وأنها فريسة وسائل الإغراء والرذيلة ٠

(١) د٠ ذكى ذكى حسن زيدان ـ المرجع السابق ص٣١٧ ٠

**ثانيا : موقف القانون الوضعى من عمليات الرتق بسبب الزنى:**

لم يفكر واضعوا القانون الجنائى فى وضع نص يبين حكم أمثال هذه العمليات التى كانت وليدة التقدم الطبى الحديث فى الوقت الذى أباح فيه مزاولة مهنة الطب متى كان ذلك بقصد العلاج من علة جسمية يعانى منها الشخص أو علة نفسية يراد بالعلاج إزالتها أو على الأقل التخفيف من شدتها [(١)]٠

وإذا كانت الزوجة برتقها لغشاء بكارتها بتدخل الطبيب قد استخدمت وسائل احتيالية بهدف إخفاء إزالة بكارتها عن زوجها، إلا أنها لا تعد مرتكبة لجريمة النصب التى نص عليها القانون بالمادة ( ٢٣٦ ع ٠ م ) التى تشترط أن تكون هذه الوسائل الاحتيالية التى لجأت إليها الزوجة ( الرتق ) هى التى دفعت الزوج إلى قبول الزواج منها ، وهذا الشرط غير متوافر لأن هذا الزوج لم يعلم بعملية الرتق إلا عند دخوله بزوجته لوطئها ، وهذا يحدث بعد الزواج لا قبله ، وبهذا التوجيه تندرج هذه الجراحة ( رتق غشاء البكارة ) تحت عمليات جراحة التجميل التى تهدف إلى تخليص الجسم من عارض غير طبيعى ولا تهدر مصلحة الجسم فى أن يسير السير الطبيعى العادى له[(٢)]٠

كما أن هذا التوجيه يدعو إلى القول بأن هذه العمليات لا تخضع لأى نص تجريمى فى القانون الوضعى [(٣)]٠

---

(١) د٠ رميس بهنام ـ النظرية العامة للقانون الجنائي ص ٣٤٠ ٠

(٢) د٠ محمود محمد مصطفى ـ القسم العام ص٩٨ ، د٠ محمود الزينى ـ المرجع السابق ص٢٢٠ ، د٠ محمود نجيب حسنى ـ شرح قانون العقوبات ـ القسم العام ص١٨٩ ٠

(٣) د٠ محمود أحمد طه ـ الحماية الجنائية للعلاقة الزوجية ص١٩٨ ٠

## الموازنة بين الفقه الإسلامى والقانون الوضعى

بعد عرضنا لموقف الفقه الإسلامى والقانون الوضعى من جراحة رتق غشاء البكارة لمن زالت عذريتها بالزنى الاختيارى المحرم يلاحظ ما يلى :

١ ـ أن فى سكوت القانون الجنائى عن إفراد نص لبيان حكم هذه الجراحة فى الوقت الذى لم يتعرض فقهاء الشريعة القدامى لبيان حكم الجراحة فيه ما يدل على أن هذه الجراحة من وسائل التقدم الطبى الذى لم يكن موجودا إلى عهد قريب ، وبالتالى يمكن الاستناد إلى القياس والاجتهاد لبيان حكمها ٠

٢ ـ أن التوجيه الذى ذكره فقهاء القانون بأن مرتكب هذه الجراحة لا يعد مرتكبا لجريمة النصب المنصوص عليها بالمادة ( ٢٣٦ ع٠م) ببعدها عن دائرة التجريم وهذا ربما يوافق ما قال به بعض فقهاء الشريعة الإسلامية من المعاصرين فى حالة ما إذا كانت الفتاة ارتكبت جريمة الزنى مرة واحدة ولم يشتهر أمرها ٠

٣ ـ أن إدراج هذه الجراحة رتق غشاء البكارة ضمن عمليات جراحة التجميل التى لا تهدر مصلحة الجسم فى أن يسير السير الطبيعى له مما دعا إلى القول بأن هذه الجراحة لا تخضع لأى نص تجريمى فى القانون الوضعى يخالف ما قال به جمهور الفقهاء المعاصرين بتحريم هذه الجراحة لاشتمالها على الغش والخديعة كما أنها تدعو إلى إشاعة الفاحشة التى ينبغى درؤها ٠

# الفصل الثانى

# موقف الطبيب ، ومسئوليته عن عمليات الرتق العذرى وأثر زوال البكارة فى إنكاح الفتاة وفى الرد بالعيب

**المبحث الأول : موقف الطبيب ومسئوليته عن عمليات الرتق العذرى ومسقطات الضمان فى الفقه الإسلامى ٠**

المطلب **الأول** : موقف الطبيب من عمليات الرتق العذرى فى الفقه الإسلامى ٠

**المطلب الثانى** : مسئولية الطبيب عن عمليات الرتق العذرى ، ومسقطات الضمان فى الفقه الإسلامى والقانون ٠

**المبحث الثانى : أثر زوال البكارة فى إنكاح الفتاة وفى الرد بالعيب ٠**

**المطلب الأول** : أثر زوال البكارة بالزنى ٠

**المطلب الثانى** : أثر زوال البكارة بسبب لا إرادى فى إنكاح المرأة ٠

**المطلب الثالث** : أثر زوال البكارة فى الرد بالعيب ٠

## المبحث الأول

## موقف الطبيب من عمليات رتق غشاء البكارة

## في الفقه الإسلامي والقانون

## المطلب الأول

## موقف الطبيب من عمليات

## رتق غشاء البكارة في الفقه الإسلامي

لقد عرض اللـه سبحانه وتعالى الأمانة على الإنسان بعـد أن زوده بمـا يؤهله لحملها من عقل وغيره من النعم التى أنعـم بها عليه فقبلها قال تعالى : ﴿ إنا عرضنا الأمانة على السموات والأرض والجبال فأبين أن يحملنها وأشفقن منها وحملها الإنسان إنه كان ظلوما جهولا ﴾ [١] وروى عـن ابـن عباس رضي اللـه عنه أن النبى صلى اللـه عليه وسلم قال قال اللـه عز وجل لآدم ـ يا آدم إنى عرضت الأمانة على السـموات والأرض فلـم تطقها ٠ فهـل أنت حاملها بما فيها ؟ فقال : وما فيها يارب ؟ قال : إن حملتها أجـرت وإن ضيعتها عذبت ٠ فاحتملها بما فيهـا ، فلـم يلبـث فى الجنـة إلا قـدر ما بـين صلاة الأولى إلى العصر ، حتى أخرجه الشيطان منها " [٢] ٠

يقول القرطبى : والأمانة تعم جميع وظائف الدين على الصـحيح مـن الأقوال [٣] فالطب على هذا يعتبر أمانة فمن

---

(١) سورة الأحزاب ـ آية ٧٢ ٠

(٢) راجع فى تخريج الحديث كنز العمال فى سنن الأفعال والأقوال جـ٦ ص ١٣٢ برقم ١٥١٤٢ ٠

(٣) القرطبى ـ المرجع السابق جـ٤ ص ٢٥٣ وما بعدها ٠

تعلمه وامتهنه أصبح مكلفا ومسئولا بعلمه وعمله عما يترتب على هذا من جزاء ٠

وعملية رتق غشاء البكارة موضوع البحث والدراسة تثير تساؤلا فحواه هل صفة الأمانة تستلزم أن يبحث الطبيب عن سبب تمزق البكارة ويطلب الأدلة ويستقصى الأحوال لمعرفة ذلك ٠

للإجابة على هذا التساؤل يمكن القول بأنه ينبغى على الطبيب إذا جاءته فتاة تطلب رتق غشاء بكارتها أن يحمل أمرها على الصلاح ويفترض أن ما وقعت فيه كان بسبب ليس فيه معصية لله عزوجل ، ولا يحقق بأكثر من الأمارات الظاهرة ، ولا يجوز أن يبنى موقفه على سوء الظن بها ٠ فإن غم عليه السبب ولم ينكشف له بما تيسر من تلك الوسائل لم يكن واجبا عليه أن يطلبه بغيرها ، فإذا استبان له بما تيسر له أن التمزق كان بسبب ليس فيه معصية أو لا دخل للفتاة فيه كالسقطة الشديدة أو الحمل الثقيل أو طول العنوسة أو الاغتصاب ، وجب عليه أن يسارع إلى مساعدة هذه الفتاة حسبة لله تعالى للستر عليها ٠ [1]٠

فإذا علم الطبيب أن زوال البكارة كان بسبب حادثة أو فعلا لا يعتبر فى الشرع معصية ، وغلب على ظنه أن الفتاة ستلقى عنتا وظلما بسبب الأعراف والتقاليد ، وجب عليه إجراء هذه الجراحة لما فيه من دفع مفاسد يغلب على الظن وقوعها ، فإن لم يغلب على الظن العنت والظلم كان الرتق مندوبا إليه لما فيه من دفع مفاسد محتملة لكن إذا غم على الطبيب معرفة سبب تمزق غشاء البكارة حتى وإن

---

(١) د/ محمد نعيم ياسين ـ بحوث فقهية فى قضايا طبية معاصرة ص٢٧٥ ٢٥٨ ، ٢٥٩ ، طبعة دار النفائس للنشر والتوزيع ـ الأردن ٠

شك فى أن التمزق كان نتيجة وطء حرام لا ينبغى له أن يحقق فى الأمر وإنما يكتفى بالظاهر ولا يجوز أن يبين موقفه على سوء الظن بالفتاة للأسباب الآتية [١].

١ ـ أن الشك الذى لا يقوم على حجة شرعية من سوء الظن الذى نهى الله عنه وأمر باجتنابه قال تعالى : ﴿ يا أيها الذين ءامنوا اجتنبوا كثيرا من الظن إن بعض الظن إثم ﴾ [٢]

قال بعض المفسرين :" الظن هو التهمة والتخون للأهل والناس فى غير محله " [٣].

وقال الماوردى :" يعنى ظن السوء بالمسلم توهما من غير أن يعلمه يقينا " ، والتجسس هو البحث عما خفى حتى يظهر[٤].

قال القرطبى فى معنى الآية : خذوا ما ظهر ولا تتبعوا عورات المسلمين أى لا يبحث أحدكم عن عيب أخيه حتى يطلع عليه بعد أن ستره الله .

وفى كتاب أبى داود عن معاوية قال سمعت رسول الله صلى الله عليه وسلم يقول :" إنك إن اتبعت عورات الناس أفسدتهم أو كدت تفسدهم، فقال أبو الدرداء حكمة سمعها معاوية من رسول الله صلى الله عليه وسلم ، نفعه الله بها [٥].

---

(١) فى نفس المعنى د. محمد نعيم ياسين ـ البحث السابق ص ٢٥٦ ، ٢٥٧ .
(٢) سورة الحجرات . الآية ١٢ .
(٣) الصابونى ـ مختصر ابن كثير جـ٣ص ٣٦٤ ط دار التراث العربي
(٤) الماوردى ـ النكت والعيون جـ٤ص ٧٥ ط مقهوى ـ الكويت ط ١٤٠٢ هـ ـ ١٩٨٩م .
(٥) القرطبى ـ الجامع لأحكام القرآن جـ١٦ص ٣٣٣ .

ويقول الرسول صلى الله عليه وسلم :" ثلاث لازمات أمتى - الغيرة والحسد وسوء الظن ، فقال رجل : وما يذهبهن يا رسول الله ممن هن فيه ؟ قال صلى الله عليه وسلم : إذا حسدت فاستغفر الله وإذا ظننت فلا تحقق وإذا تطيرت فأمض "[1].

٢ - إن كثيرا من الأحكام العملية مبناها فى الشرع على غلبة الظن ، ولم ينكر العمل بالظن إلا جماعة من المبتدعة فقد أنكروا تعبد الله بالظن وجواز العمل به [2].

٣ - إن تمزق بكارة الفتاة له أسباب كثيرة مختلفة ، واحد منها فقط وهو الزنى فيه معصية لله عزوجل والأسباب الأخرى ليس فيها عصيان ، فباب الظن الحسن فى هذه المسألة أوسع بكثير من باب الظن السيئ ومحامل الخير فيها أكثر بكثير من محامل الشر قال عمر بن الخطاب :" لا تظن بكلمة خرجت من أخيك المؤمن إلا خيرا وأن تجد لها فى الخير محملا"[3].

٤ - أن الطبيب ليس بقاض يحكم بين المتخاصمين وهو لا يملك من الوسائل والسلطات ما يملكه القاضى من طلب الشهود وتزكيتهم واستقصاء الأحوال والقرائن فلا يكلف بما لا يملك وسائله[4] قال تعالى : ﴿ لا يكلف الله نفسا إلا

---

(١) المعجم الكبير - سليمان بن أحمد بن أيوب أبو القاسم الطبرانى جـ٢ص ٢٢٧ ، ٢٢٨ ، مكتبة العلوم والحكم - الموصل الطبعة الثانية ١٤٠٤هـ - ١٩٨٣ - تحقيق حمدى بن عبد المجيد السلفى .

(٢) القرطبى - الجامع لأحكام القرآن جـ١٦ص ٣٣٣ .

(٣) كنز العمال فى سنن الأقوال والأفعال : على بن حسام الدين المتقى الهندى جـ١٦ص ٢٥٢ مؤسسة الرسالة - بيروت ١٩٨٩م .

(٤) د/ محمد نعيم ياسين - بحوث فقهية فى قضايا طبية ص٢٥٧ .

وسعها ﴾ [1] وقال الله تعالى : ﴿ لا يكلف الله نفسا إلا ما آتاها ﴾ [2] .

كما أنه يجب على الطبيب إذا ظهر له أن الإزالة كانت بسبب الزنى الاختيارى أن يمتنع عن إجراء هذه العملية لكى يسد عن المجتمع باب الزنى وارتكاب الفاحشة وهتك الأعراض وكشف العورات [3] .

٥ ـ أن رتق الطبيب لغشاء البكارة ليس فيه غش وخداع من الناحية الشرعية لمن يتزوجها فى المستقبل لأن الطبيب لم يطمس برتقه دليلا شرعيا لأن القرائن والأدلة التى تعارف عليها الناس ليست بأدلة شرعية فعدم وجود غشاء البكارة ليس دليلا على زنى المرأة بإجماع الفقهاء فلو أن الطبيب ترك الفتاة تتزوج وليس لها بكارة ما كان للزوج شرعا أن يتهمها بالزنى ، ولا أن يردها بل لا يعتبر مبررا للتطليق.

٢ ـ أن النصوص الشرعية دالة على مشروعية الستر وندبه ، ورتق غشاء البكارة يحقق مصلحة الستر فى الأحوال التى حكمنا بجوازها فيها.

٣ ـ أن قيام الطبيب بهذا العمل يساعد على إشاعة حسن الظن بين الناس ، وقد ذكر من الأدلة الدالة على حث الشريعة على إشاعة حسن الظن [4] .

---

(١) سورة البقرة ـ من الآية ٢٨٦.

(٢) سورة الطلاق ـ من الآية ٧.

(٣) د. عبد الفتاح بهيج ـ المرجع السابق ص١٩٣.

(٤) بتصرف د. محمد نعيم ياسين ـ المرجع السابق ص ٢٣٠ ، ٢٣١ ، د. محمود عبد العزيز الزينى ـ المرجع السابق ص١٣١، ١٣٢، ١٣٣.

## المطلب الثانى

## مسئولية الطبيب عن عمليات

## الرتق فى الفقه الإسلامى

لقد وضع الإسلام نظاما شاملا لكل شئون الحياة ، ومن قواعد هذا النظام تشريعه الذى يحدد مسئولية الطبيب ، فقد جاءت الشريعة الإسلامية بأحكام وقواعد تقرر مسئولية الأطباء الجنائية والمدنية وهذه القواعد والأحكام أقرب ما تكون إلى أحدث ما وصلت إليه الشرائع الجنائية والمدنية فى العصر الحديث [1].

**وهذه المسئولية تجد سندها فى النصوص الآتية :**

١ ـ قول الرسول صلى الله عليه وسلم :" من تطبب ولم يعلم منه طب فهو ضامن " [2] يقول ابن القيم :" الأمر الشرعى إيجاب الضمان على الطبيب الجاهل ، فإذا تعاطى علم الطب وعمله ، ولم يتقدم له به معرفة فقد هجم بجهله على إتلاف الأنفس ، وأقدم بالتهور على ما لم يعلمه ، فيكون قد غرر بالعليل ، فيلزمه الضمان لذلك ، وهذا إجماع أهل العلم [3]

---

(١) فى نفس المعنى د. أسامه عبد الله قايد ـ المسئولية الجنائية للأطباء ـ دراسة مقارنة فى الشريعة والقانون ص١٨٩ ط دار النهضة العربية ط ١٩٨٧م ، د. محمد فرحات حجازى ـ طبيعة المسئولية الطبية فى الفقه الإسلامى والقانون المدنى ص ٣٧٧ ، بحث منشور بمجلة كلية الشريعة والقانون بأسيوط العدد الثالث ١٤٠٥هـ ـ ١٩٨٥م .

(٢) المجتبى من السنن ـ أحمد بن شعيب أبو عبد الرحمن النسائى ـ جـ٨ص ٥٢ رقم ٤٨٣٠ تحقيق عبد الفتاح أبو غدة ـ مكتبة المطبوعات الإسلامية ـ حلب ـ الطبعة الثانية ١٤٠٦ ـ ١٩٨٦م .

(٣) ابن القيم ـ زاد المعاد جـ٤ص ١٣٩ لنفس المؤلف ـ الطب النبوى ص١٠٩ .

قال الخطابى :" لا أعلم خلافا فى أن المعالج إذا تعدى فتلف المريض كان ضامنا"[1] ٠٠٠ وهذه القواعد والنصوص تنطبق على الطبيب فى حالة قيامه بعملية الرتق العذرى وإصلاح بكارة الفتاة ، ومسئولية الطبيب عن هذه الجراحة تتحدد من خلال ثلاث صور ، نعرضها فيما يلى :

**١ ـ مسئولية الطبيب عن الخطأ فى الحصول على رضا الفتاة:**

إذا كانت موافقة المريضة أو وليها أمرا هاما يتوقف عليه إجراء هذه العملية ، فإنه يجب على الطبيب أن يبين للفتاة أو وليها ما سيقوم به ، ثم يترك لهما الحرية الكاملة فى قبول أو رفض ما عرضه عليها ، ويشترط فى القبول أن يصدر من بالغة عاقلة مختارة ، فلا يعتد بقبول الصغيرة والمجنونة لقول الرسول صلى الله عليه وسلم : " رفع القلم عن ثلاث ، عن النائم حتى يستيقظ والمجنون حتى يفيق ، والصغير حتى يبلغ "[2] كما لا يعتد بالإكراه النفسى للفتاة كأن يقول الطبيب إن الحياة متوقفة على هذه العملية ، كما يشترط فى القبول أن يكون صريحا ، وعلى ذلك فلا يعتد بسكوت الفتاة أو وليها أخذا بقاعدة :" لا ينسب لساكت قول "[3] فإذا خالف الطبيب هذه الشروط وأجرى العملية سئل مسئولية عمدية عن هذا التصرف الذى قام به أيا كان الباعث إليه [4] ٠

(١) زاد المعاد لابن القيم جـ٣ص ١٠٩ ٠
(٢) سنن النسائى جـ٦ص١٥٦ رقم ٣٤٣٢ ٠
(٣) الأشباه والنظائر للسيوطى ص١٤٢ ـ طبعة دار الكتب العلمية ٠
(٤) د ٠ محمود الزينى ـ البحث السابق ص١٦٦ ، ١٦٧ ٠

**٢ ـ مسئولية الطبيب عن الخطأ فى التشخيص أو الجراحة :**

فى الماضى كانت أخطأ الختان والحجام ، والفصاد تكثر ، وفى الحاضر أيضا لا تخلو أعمال الجراحين من الأخطاء ربما كان سبب ذلك طبيعة الجراحة وتعقيداتها وتركيزها على الجسم مباشرة ، فإذا كان هذا فى العمليات التى تقل دقة عن عمليات الرتق ، فإذا علمنا أن عملية الرتق العذرى وإصلاح البكارة التالفة عند الفتاة تقع فى منطقة ذات حساسية خاصة ، فإن مظنة الخطأ فيها أكثر من غيرها ، لذا فإن هذه الجراحة تتطلب مهارة وعناية فائقة ، ودقة فى التشخيص يجب على الطبيب أن يضعها نصب عينيه قبل إقدامه على إجراء هذه الجراحة ، وعلى ذلك فإذا أخطأ الطبيب أو أهمل أو لم يراعى الأصول الفنية وقواعد المهنة ، وترتب على ذلك حدوث نزيف مثلا أو تمزق جدار المهبل أو الرحم أو تفسخ الجلد الخاص بمكان هذا الغشاء ، ففى هذه الحالة يضمن ويسأل عن الجناية التى أخطأ فيها ، ذلك أن المعتدى على غيره يجزى بمثل اعتدائه والمخطئ يجزى بسبب عدم تبصره وإهماله[١] قال الله تعالى : ﴿وما كان لمؤمن أن يقتل مؤمنا إلا خطئا ومن قتل مؤمنا خطئا فتحرير رقبة مؤمنة ودية مسلمة إلى أهله ﴾[٢] وما كان هذا الحكم إلا دلالة على حرمة النفس وحقها عند الله وتكريما لها ، ونهيا عن التعدى عليها .

---

(١) د/ محمود الزينى ـ مسئولية الأطباء عن العمليات التعويضية والتجميلية والرتق العذرى ص١٦٧ ، ١٦٨ .

(٢) سورة النساء ـ من الآية ٩٢ .

**مسقطات الضمان :**

لقد وضع فقهاء الشريعة الإسلامية أحكاما تحد من المسئولية الجنائية للطبيب وهذه الأحكام وإن كانت واردة فى مهنة الطب عامة ، فإنه يمكن انطباقها على جراحة رتق البكارة وهذه الأحكام نعرضها فيما يلى :

١ ـ حالة طبيب حاذق أعطى الصنعة حقها ولم تجن يده فتولد عن فعله المأذون له فيه من جهة الشارع ، ومن جهة من يطلبه تلف العضو أو النفس أو ذهاب صفة ٠ فهذا لا ضمان عليه اتفاقا [١] فقد قرر الحنفية أن الفصاد والبزاغ والحجام إذا سرت جراحاتهم لا ضمان عليهم بالإجماع[٢]٠

وقال المالكية الطبيب ومثله الخاتن والبيطار[٣] إذا لم يحدث منهما خطأ فلا ضمان [٤] وعند الشافعية أن من عالج كأن حجم أو فصد بإذن فأفضى إلى تلف لم يضمن [٥] ويضيف الحنابلة :"وإن قطع طرفا من إنسان فيه

---

(١) ابن القيم ـ زاد المعاد جـ٣ص ١٠٩ ٠

(٢) الكاسانى ـ بدائع الصنائع جـ٧ص ٣٠٥ ٠

(٣) البيطار : معالج الدواب يقال يبطر الدابة شق حافرها ليعالجها ويقال هو بهذا عالم بيطار إذا كان خبيرا به حاذقا فيه ٠ المعجم الوجيز ص٦٩ ، ٧٠ ، مادة بيطر ـ مجمع اللغة العربية ١٤٢٢ ـ ٢٠٠١م ٠

(٤) المواق ـ التاج والإكليل لمختصر خليل جـ٦ص ٣٢٠ هامش مواهب الجليل ٠

(٥) الرملى ـ نهاية المحتاج جـ٨ص ٣٥ ٠

حجم : يعنى فم الحيوان حجما جعل عليه حجاما ليمنعه من العض ، والحجامة إمتصاص الدم بعد تشريط الجلد وقد تكون جافة دون دماء ، المعجم الوجيز ص١٣٧ مادة حجم ٠

فصد : العرق فصدا وفصادا شقه ويقال فصد المريض أخرج مقدارا من دم وريده بقصد العلاج ٠

البزاغ : يقال بزغه شرطة فأسال دمه ٠

المعجم الوجيز ص٤٧٢ مادة فصد ، ص٤٩ مادة بزغ

أكله أو سلعة بإذنه ، وهو كبير عاقل ، فلا ضمان عليه "[1].

٢ ـ من القواعد المقررة شرعا أن عمل الطبيب عند الإذن بالعلاج أو عند طلبه يعد واجبا ، والواجب لا يتقيد بالسلامة ، وأن واجب الطبيب متروك لحرية اختياره وحده واجتهاده العلمى والعملى ، والحرية فى اختيار طريقة العلاج وكيفيته[2].

**مسئولية الطبيب عن عمليات الرتق العذرى فى القانون الوضعى :**

ذكرنا من قبل أن القانون الجنائى لا يمانع من إجراء هذه الجراحة ، وأن نطاق مشروعية عمليات التجميل يشملها ، وأن هذا القانون قد خلا من نص ينظم هذه الجراحة أو يبين أحكامها وعقوبتها ، وعلى هذا فإن الفتاة التى زالت بكارتها لأى سبب من الأسباب ، سواء كان هذا السبب مشروعا ، أو غير مشروع يمكن أن تذهب إلى طبيب متخصص وعن طريق جراحة بسيطة غير معقدة وبتكاليف غير مرهقة للطبقات المتوسطة يمكنها أن تعود عذراء كما كانت ، وأن الطبيب أو الجراح لا يسأل عما يجريه من أعمال من هذا القبيل بقصد علاج المرضى ، وعلى ما يترتب عليه من نتائج ، وأساس انتفاء المسئولية

---

(١) ابن قدامة ـ المغنى جـ١٠ص ٣٤٤ ط دار الفكر .

(٢) د. أسامه قايد ـ المسئولية الجنائية ص١٩١ ط دار النهضة العربية ط ١٩٨٧م .

هنا هو أن الطبيب أو الجراح يقوم أو يستعمل حقا خوله القانون له ، حيث خـول واضـعوا القـانون للأطبـاء حـق التعـرض لأجسـام الغـير ، ولـو بإجراء عمليات جراحيـة مهـما بلغـت جسـامتها عـلى أن يـتم هـذا العمـل بشروط هى :

١ ـ أن يكون الطبيب مرخصا له قانونا بإجراء هذه الجراحة٠

٢ ـ أن يحصل الطبيب على رضا الفتاة أو وليها ٠

٣ ـ أن يكون القصد من إجراء الجراحة العلاج الجسمى أو النفسى ٠

٤ ـ ألا يقع من الطبيب إهمال أو خطأ أثناء العمل ٠

فإذا تخلف شرط من هذه الشروط بأن قـام بهـذا العمـل شـخص غـير مرخص له قانونا ، أو دون رضا الفتاة أو وليها كان مسئولا أيـا كـان الباعـث على ذلك ، كما يكون الطبيب مسئولا إذا لم تكـن الجراحـة بقصـد العـلاج ، كذلك يسأل الطبيب إذا وقع منه إهمال أو خطأ غير عمدى بالصـورة التـى نص عليها قانون العقوبات أو لم يراعى اللوائح الخاصة بمهنة الطب[1]٠

(١) د٠ أحمد فتحى سرور ـ الوسيط فى قانون العقوبات ـ القسم الخاص ص٥٦٨ ٠

## الموازنة بين الفقه الإسلامى والقانون الوضعى

مما سبق عرضه نستطيع القول بأن القانون لم يفرق بين أسباب زوال البكارة فى أن تكون سببا شرعيا لتدخل الطبيب بإجراء هذه الجراحة ، وهو بذلك يكون قد خالف ما قرره جمهور الفقهاء الشرعيين من عدم جواز تدخل الطبيب بإجراء هذه الجراحة متى علم أن زوال البكارة كان بسبب غير شرعى كالزنى الاختيارى المحرم ، وأن القانون وافق ما قرره فقهاء الشريعة فى عدم مسئولية الطبيب عن أعمال الجراحة ما دام أنه عمل قدر جهده ولم يخطأ فى التشخيص ، وأن الإهمال او الخطأ المهنى سبب لضمان الطبيب ـ كما وافق القانون ما قرره الفقهاء من ضرورة الحصول على رضا الفتاة أو وليها وأن يكون الرضا صحيحا غير معيب بعيوب الإرادة ٠

## المبحث الثانى

## أثر زوال البكارة فى إنكاح الفتاة ، وفى الرد بالعيب

لما كانت البكارة قرينة حياء الفتاة ، لذا فإن زوالها له أثره فى إنكاح الفتاة من حيث الإذن والإجبار ، وهذا الأثر يختلف باختلاف أسباب زوال هذه البكارة ، وسوف نعرض لبيان هذا الأثر وذلك فيما يلى :

### المطلب الأول

### أثر زوال البكارة بالزنا الإختيارى المحرم

اتفق الفقهاء على أن زوال البكارة بالوطء فى عقد صحيح أو فاسد يصير البكر ثيبا من حيث الإذن والإجبار ، فلا تجبر على النكاح إلا برضاها ، ويكون نطقها هو إذنها [1] فقد روى البخارى عن الخنساء بنت خدام الإنصارية أن أباها زوجها وهى ثيب ، فكرهت ذلك فأتت النبى صلى الله عليه وسلم فرد نكاحها [2] لكن ثمة خلاف بين الفقهاء فيمن زالت بكارتها بالزنى المحرم هل تزوج زيجة فتجبر ، ويكون إذنها صمتها ، أم تزوج زيجة الثيب فلا تجبر ، ويكون إذنها بالنطق ، وحاصل الخلاف فى قولين ٠

---

(١) ابن عابدين ـ حاشيته جـ٢ص ٣٠٢ ، ابن رشد الحفيد ـ بداية المجتهد جـ٢ص ٥ ط دار الفكر ط ١٩٩٥م ، النووى ـ روضة الطالبين جـ٥ص ٤٠١ ٠

(٢) رواه البخارى جـ٩ص ٣١٧ كتاب النكاح ـ باب إذا زوج الرجل ابنته وهى كارهة ٠

**القول الأول :**

ذهب الحنفية فى الصحيح ، والمالكية فى رواية حكاها ابن الجلاب ، والشافعية فى الأصح عندهم ، والحنابلة والزيدية إلى أن من زالت بكارتها بزنى محرم تعامل معاملة الثيب إذنا وإجبارا ، سواء فى ذلك أن تكون قد زنت مرة واحدة ، أم كانت مشهورة بين الناس أو عرض أمرها على القضاء [1] .

**القول الثانى :**

ذهب الحنفية فى رواية ، والمالكية فى المدونة ، إلى أن من زالت بكارتها بزنى محرم مرة واحدة تعامل معاملة الأبكار فى الإذن والإجبار [2] .

## الأدلــة

**أدلة الجمهور :**

استدل الجمهور على قولهم بعدم التفريق بين من زنت مرة واحدة أو أكثر فى أنها تعامل معاملة الثيب بأدلة من السنة والمعقول .

---

(١) الكاسانى ـ بدائع الصنائع جـ٢ص ٢٤٤ ، الدسوقى ـ حاشيته جـ٢ص ٢٨١ ، قليوبى وعميرة ـ حاشيتهما على شرح المحلى جـ٣ ص ٢٦٦ ، البهوتى ـ كشاف القناع جـ٥ص ٤٧ ، الشوكانى ـ نيل الأوطار جـ٦ص ١٧٤ .

(٢)الكمال بن الهمام ، شرح فتح القدير جـ٣ص ٣٧١ ، الإمام مالك ـ المدونة الكبرى جـ٢ص ١٦٩ ط دار الفكر .

**أما السنة :**

فمنها : حديث أبو هريرة رضي الله عنه :" لا تنكح الأيم حتى تستأمر"[1].

**وجه الدلالة :** " أن الحديث صريح فى أن الثيب لا يجوز نكاحها بغير إذنها ولا يكفى سكوتها والثيب من زالت عذريتها سواء كان بطريق عقد أم بغيره بزنى أو اغتصاب [2].

**وأما المعقول فمن وجهين :**

**الوجه الأول :**

أن الحياء قد زال عنها بالزنى فلا يكن إذنها صماتها لأنها لن تستحى من الكلام [3].

**الوجه الثانى :**

أنه لو أوصى لأبكار بنى فلان لا تدخل فى الوصية عرفا ولو أوصى لثيبات بنى فلان دخلت لأنها ثيب حقيقة ، فلا يكفى سكوتها [4].

**أدلة القول الثانى :**

استدل القائلون بأن من زنت مرة واحدة أو لم تشتهر تعامل معاملة الأبكار فى الإذن والإجبار بالمعقول فقالوا أن

---

(١) البخارى جـ٩ص٣١٧ كتاب النكاح - باب إذا زوج الرجل ابنته وهى كارهة ، رواه أحمد فى مسنده جـ٦ص ٣٢٨ ، ورواه أبو داود جـ٣ص ١١٧ .

(٢) النووى - روضة الطالبين جـ٥ص ٤٠١ .

(٣) الإمام مالك - الموطأ جـ٢ص ٤٥ .

(٤) الكمال بن الهمام - شرح فتح القدير جـ٣ص ٣٧٠ .

الناس عرفوها بكرا فيعيرونها بالنطق فتمتنع عنه ، وقد ندب الشارع إلى ستر الزنى فكانت بكرا شرعا [١] .

## الترجيح

الظاهر مما سبق بيانه أن قول الحنفية والمالكية هو الأولى بـالقبول فإذا وقع الزنى مرة واحدة أن تعامل معاملة الأبكار وللسـتر عليها ، أمـا أن تكرر منها أو اشتهرت به تعامل معاملة الثيب فلما لم تستحى من مباضعة الرجال بالزنى لم يكن إذنها صماتها .

## أثر زوال البكارة بسبب لا إرادى أو الاغتصاب فى إنكاح المرأة :

ـ اختلف فقهاء الشريعة الإسلامية القدامى فى أثر زوال البكارة بسبب الوثبة أو الاغتصاب فى إنكاح المرأة ، ويمكن حصر الخلاف فى قولين .

## القول الأول :

ذهب الجمهور من الحنفية والمالكية والأصح عند الشافعية والحنابلـة إلى أن من زالت بكارتها بطول تعنيس أو وثبة أو نحوهما فى حكم الأبكار ، جاء فى المغنى :" وإن ذهبت عذرتها بغير جماع كوثبة أو شـدة حيض ٠٠٠ ونحوه فحكمها حكم الأبكار ، ذكره حامد لأنهـا لم تختبر المقصود ٠٠٠ ولا وجد وطؤها فى القبل فأشبهت من لم تزل بكارتها " [٢] .

---

(١) الكاسانى ـ بدائع الصنائع جـ٢ص ٣٤٤ ، ط دار الكتب العلمية      ط ١٩٨٦م .
(٢) ابن عابدين ـ حاشيته جـ٢ص ٢٠٢ ، حاشية الدسوقى جـ٢ص٢٨١ النووى ـ روضة الطالبين جـ٥ص٤٠١ ، ابن قدامة ـ المغنى جـ٩ص ٢١٤ .

**القول الثانى :**

ذهب البعض من الشافعية إلى أن من زالت بكارتها بوثبة أو غيرها تصير ثيبا [1] .

## الأدلـــة

**أدلة الجمهور :**

استدل الجمهور على قولهم بأن من زالت بكارتها بغير جماع تعد بكرا بالمعقول فقالوا : أن من زالت بكارتها بغير الجماع غير موطوءة فى القبل ، ولم تباشر الرجال . فهى بكر حقيقة [2] .

**أدلة القول الثانى :**

استدل بعض الشافعية على قولهم بأن من زالت بكارتها بغير جماع تصير ثيبا بالمعقول فقالوا بأن زوال البكارة بأى سبب يجعل البكر ثيبا [3] .

**الترجيح :**

يبدو مما تقدم أن رأى الجمهور هو الأولى لأن العبرة فى زوال البكارة الذى يعتد به فى تغير الأحكام إنما هو بزوالها بالمباشرة بين رجل وامرأة ، فما لم يحدث لم يتغير حكم الأبكار .

---

(١) النووى ـ روضة الطالبين جـ٥ص ٤٠١ ، لنفس المؤلف المجموع جـ١٧ص ٢٦٧ .

(٢) ابن عابدين ـ حاشيته ـ نفس الموضع ، الدسوقى ـ حاشيته نفس الموضع ، النووى ـ روضة الطالبين ـ نفس الموضع ، ابن قدامة ـ المغنى ـ نفس الموضع .

(٣) النووى ـ المجموع جـ١٧ص ٢٦٧ .

المطلب الثاني

أثر زوال البكارة في الرد بالعيب

تمهيد :

مما لا شك فيه أن وصف البكارة من الأوصاف المرغوب فيها ، وقد جرى عرف البلاد الشرقية ، والعرب خاصة بعدم مساواة البكر للثيب في كثرة المهر وقلته ، وأن اشتراط البكارة شرط ضمني في نكاح الأبكار في البلاد العربية وإن لم ينص عليه صراحة ، ولذا كان فوات هذا الوصف ـ البكارة ـ في المرأة يثير شبهات في العرض غالبا ، ثار تساؤل فحواه : هل البكارة تعد عيبا في عيوب النكاح ، وبالتالي يثبت للزوج خيار الرد فيما لو تزوج فتاة على أنها بكرا فبانت ثيبا ، في حكم ذلك اختلف الفقهاء على ثلاثة أقوال :

القول الأول :

ذهب الحنفية والزيدية ، وأظهر الرأيين عند الشافعية والحنابلة في قول إلى أن وصف البكارة ليس عيبا من عيوب النكاح ، ولا يثبت الخيار للزوج إذا تزوج امرأة على أنها بكرا فبانت ثيبا [1] .

_____

(١) ابن عابدين ـ حاشيته جـ٣ص ٣١٣ ، ابن نجيم ـ الأشباه والنظائر ص ١٧٨ ط دار الكتب العلمية ـ بيروت ط ١٩٩٣م ، العنس ـ التاج المذهب جـ٢ص ٦٦ ، العلامة قليوبي حاشيته ـ قليوبي وعميرة جـ٣ص ٢٦٥ ، البهوتي ـ كشاف القناع ـ جـ٥ص ٩٦ .

**القول الثانى :**

ذهب المالكية إلى التفريق بين أن يشترط الزوج البكارة من عدمه فيثبتون الخيار فى حالة الشرط ، ويسقطونه فى عدمه ٠

جاء فى الشرح الكبير فى حالة عدم اشتراط الزوج كونها بكرا أو عذراء " لا خيار بخلف الظن كالقرع[1] ، وهو عدم نبات الشعر لعلة من قوم ذوى شعر والسواد من قوم بيض ولا فى نتن الفم وهو البخر ولا نتن الأنف وهى الخشماء[2] ، خلافا للخمى فيها قياسا منه على نتن الفرج ولا فى الثيبوبة سواء أكان بنكاح أم لا حيث ظنها بكرا فهذا من أمثلة تخلف الظن " [3]٠

**القول الثالث :**

ذهب الشافعية فى رأى ، والحنابلة فى قول إلى ثبوت حق الفسخ للزوج فيما إذا تزوج فتاة على أنها بكر فبانت ثيبا [4]٠

---

(١)الدسوقى ـ حاشيته على الشرح الكبير جـ٢ص ٢٨١ ٠

(٢) خشم الإنسان : خشما أصابه داء فى أنفه فأفسده فصار لا يشم فهو أخشم وهى خشماء ٠ المعجم الوجيز ص١٩٧ مادة خشع ٠

(٣) الحطاب ـ مواهب الجليل جـ٣ص ٤٩١ ط دار الكتب العلمية ١٩٩٦م ٠

(٤) قليوبى وعميرة ـ المرجع السابق نفس الموضع ، البهوتى ـ كشاف القناع جـ٥ص ٩٦ ٠

## الأدلـــــة

### أدلة القول الأول :

استدل الحنفية ومن وافقهم على قولهم بعدم قبول الخيار للزوج إذا وجد امرأته ثيبا بالمعقول فقالوا إن وصف البكارة ليس عيبا من عيوب الخيار لأن النكاح شرع للاستمتاع دون البكارة [1]٠

### أدلة القول الثانى :

استدل المالكية على قولهم بثبوت الخيار فيما إذا شرط الزوج البكارة بالمعقول فقالوا : بأن الزوج قد شرط البكارة وبالثيبوبة تخلف الشرط ، وبتخلفه فات الوصف المقصود فيثبت الخيار[2]٠

### أدلة القول الثالث :

استدل بعض الشافعية وبعض الحنابلة على قولهم بثبوت الخيار بالمعقول فقالوا إن فى عدم ثبوت الخيار للزوج فى الرد بزوال البكارة إضرارا به حيث فوت عليه مقصوده من نكاح البكر فضلا عما بذله من مهر لأجل وصف البكارة وفى فتاوى ابن تيمية سئل عن رجل تزوج امرأة على أنها بكر فوجدها ثيبا فأجاب بأن من حق الزوج

---

(١) راجع المراجع المشار إليها فى عرض الأقوال ـ هامش ص ١٤٧ من هذا البحث ٠

(٢) أبو الحسن الونشريسى ـ المعيار المعرب والجامع المغرب عن فتاوى أهل أفريقيا والأندلس والمغرب جـ٢ص ١٦٦ ط وزارة الأوقاف والشئون الإسلامية بالمغرب ط ١٩٨١م ٠

فسخ النكاح والمطالبة بأرش الصداق، وهو تفاوت ما بين البكر والثيب ، فينتقص بنسبته من المسمى "[1]٠

## الترجيح

بعد عرضنا لأقوال الفقهاء وأدلتهم فى أثر زوال البكارة فى الرد بالعيب نرى ترجيح قول الجمهور بعدم ثبوت الخيار للزوج فى فسخ النكاح بزوال البكارة بسبب لا دخل لها فيه وذلك لأن النكاح إنما هو شرع للاستمتاع وليس للبكارة ، كما أنه لا ضرر على الزوج فيما إذا وجد زوجته ثيبا كما أن القول بثبوت الخيار يجعل الزوجة عرضة للتشهير ويثير شبهات فى زوال العرض وأن محاسن الأخلاق تتطلب الستر على الفتاة التى زالت بكارتها بدون سبب مشين منها [2]٠

**وبعد ،،،،،**

هذه الدراسة لعملية الرتق العذرى والتى تعد وليدة التقدم التكنولوجى فى مجال الطب البشرى ، وقد حاولنا قدر جهدنا بيان موقف الفقه الإسلامى منها ، فإن كنا أصبنا فلله الحمد ، وإن كانت الأخرى فالكمال لله وحده ، ويبقى أن نتوجه إلى الله سائلين إياه أن يكون ما ذكر فى هذه الدراسة من أحكام يوافق حكمه تعالى ، وأن ينفع به من قرأه ، وأن يحفظ أبنائنا وبناتنا المسلمين من الزلل ، وأن يعيذنا وإياهن من شرور أنفسنا ، وسيئات أعمالنا ،

---

(١) ابن تيمية ـ الفتاوى الكبرى جـ٣٢ص١٧٣ ٠

(٢) راجع معنا فى هذا الترجيح د٠ محمد شافعى مفتاح بوشية ـ العمليات الجراحية الخاصة بالذكورة والأنوثة ص٦٧ ط ٢٠٠٣م ٠

وألا يجعلنا وإياهن ممن أغفل قلبه عن ذكره تعالى وأتبع هواه وكان أمره فرطا ، وألا يجعلنا من الأخسرين إعمالا الذين ضل سعيهم فى الحياة الدنيا وهم يحسبون أنهم يحسنون صنعا ، فإنه سميع الدعاء ، وأهل الرجاء ، وهو حسبنا ونعم الوكيل ٠

**تم البحث**

**المؤلف**

## ثبت المراجع

**أولا : القرآن الكريم ٠**

**ثانيا : التفسير وعلوم القرآن :**

- ابن كثير - الإمام الجليل الحافظ عماد الدين أبو الفدا إسماعيل بن كثير القرشى الدمشقى ت ٧٧٤هـ ٠
- تفسير القرآن العظيم مكتبة زهران ٠
- الألوسى - العلامة أبى الفضل شهاب الدين السيد محمود الأندلسى البغدادى ت ١٢٧٠هـ ٠
- روح المعانى فى تفسير القرآن العظيم والسبع المثانى ط دار إحياء التراث العربى - بيروت ط ١٤٠٥هـ - ١٩٨٥م ٠
- القرطبى : أبى عبد الله محمد بن أحمد الأنصارى القرطبى ت ٦٧١هـ ٠
- الجامع لأحكام القرآن ط دار إحياء التراث العربى - بيروت ط ١٤٠٥هـ - ١٩٨٥م ٠
- الصابونى : الشيخ محمد على الصابونى ، مختصر تفسير ابن كثير ط دار التراث العربى ٠
- الماوردى : أبى الحسن على بن حبيب ، النكت والعيون - ط مقهوى - الكويت ط ١٤٠٢هـ - ١٩٨٢م ٠

**ثالثا : كتب السنة وشروحها :**

- البخارى : الإمام محمد بن إسماعيل بن إبراهيم بن المغيرة ت ٢٥٦هـ ٠

- صحيح البخارى - ط الأميرية ط ١٣١٤هـ ٠

- أبو داود : الحافظ أبي داود سليمان بن الأشعث السجستانى الآزدى ت ٢٧٥هـ ٠

- سنن أبي داود ط دار إحياء التراث العربي - بيروت - بدون ٠

- البيهقى : أبي بكر أحمد بن الحسين بن على البيهقى ت ٤٥٨هـ ٠

- السنن الكبرى ط دار المعرفة - بدون تاريخ ٠

- الحاكم : الإمام الحافظ بن عبد اللـه الحاكم النيسابورى ٠

- المستدرك على الصحيحين ط دار المعرفة - بدون تاريخ ٠

- ابن حنبل : الإمام أحمد بن محمد بن حنبل ت ٢٤١هـ ٠

- مسند الإمام أحمد ٠٠٠ تحقيق أحمد محمد شاكر ط دار المعارف ط ١٩٥٠م ٠

- الطبرانى :

- ابن ماجة : الحافظ أبي عبد اللـه محمد بن يزيد القزوينى بن ماجه ت ٢٧٥هـ ٠

- سنن ابن ماجه - ط دار الريان للتراث - بدون تاريخ ٠

- مالك : الإمام مالك بن أنس الأصبحى ت ١٧٩هـ ٠

- الموطأ ط دار الشعب - بدون تاريخ ٠

- مسلم : الإمام ابن الحسن مسلم بن الحجاج ت ٢٦١هـ ٠

- صحيح مسلم - ط الحلبى ٠

- النووى : محى الدين يحيى بن شرف النووى - ت ٦٧٦هـ

- شرح صحيح مسلم - ط مكتبة زهران - بدون تاريخ ٠

- عبد الرزاق : الحافظ الكبير أبي بكر عبد الرزاق بن همام الصنعانى ت ٢١١ هـ ٠

- مصنف عبد الرزاق ط المكتب الإسلامى - بيروت ط ١٤٠٣هـ - ١٩٨٣م ٠

- العسقلانى : الحافظ أحمد بن على بن حجر العسقلانى ت ٨٥٢ هـ ٠

- فتح البارى بشرح صحيح الإمام البخارى ط دار الريان للتراث ط ١٩٨٧م ٠

- أبي شيبة : الحافظ عبد اللـه بن محمد بن أبي شيبة الكوفى العبسى- ت ٢٣٥هـ ٠

- المصنف فى الأحاديث والآثار ط دار الفكر ط ١٤٠٩هـ - ١٩٨٩م ٠

- الترمذى : أبو عيسى محمد بن عيسى بن سورة ت ٩٧٩ه٠

- سنن الترمذى - ط دار الفكر ط بدون تاريخ ٠

**خامسا : كتب اللغة :**

- الزبيدى : مجد الدين محمد مرتضى الزبيدى ٠

- تاج العروس ط دار الفكر ط ١٩٩٤م ٠

- الفيروزآبادى : مجد الدين محمد بن يعقوب الفيروزآبادى ت ٨١٧هـ ٠

- القاموس المحيط ط دار الفكر ٠

- الفيومى : العلامة أحمد بن محمد بن على المقرى الفيومى ت ٧٧٠هـ ٠

- المصباح المنير - ط المكتبة المصرية ط ١٤١٧هـ - ١٩٩٦م ٠

- الأصفهانى : ابن القاسم الحسين بن محمد المعروف بالراغب الأصفهانى ت ٥٠٢هـ ٠

- المفردات فى غريب القرآن - ط دار المعرفة بيروت ط ١٤١٨هـ - ١٩٩٨م ٠

- ابن منظور : جمال الدين بن مكرم بن منظور ت ٧١١هـ٠
- لسان العرب - ط دار المعارف - بدون تاريخ ٠
- الرازى - محمد بن أبي بكر بن عبد القادر الرازى ٠
- مختار الصحاح - ط دار الكتب العلمية ٠

- الونشريسى : الشيخ أبو الحسن الونشريسى ٠
- المعيار المعرب - الجامع المغرب عن فتاوى أهل أفريقيا والأندلس والمغرب ط وزارة الأوقاف بالمغرب ط ١٩٨١م ٠
- مجمع اللغة العربية ٠
- معجم الوجيز ط وزارة التربية والتعليم ط ١٩٩٨م ٠

**قواعد فقهية :**

- إسماعيل : د٠ محمد بكر إسماعيل ٠
- القواعد الفقهية بين الأصالة والتوجيه ط دار المنار ط ١٤١٧هـ - ١٩٩٧م ٠
- الزرقاء : الشيخ أحمد محمد الزرقاء ٠
- شرح القواعد الفقهية ط دار القلم دمشق - بدون تاريخ ٠
- ابن نجيم : الشيخ زين العابدين بن إبراهيم بن نجيم ٠
- الأشباه والنظائر فى قواعد وفروع فقه الحنفية ط مؤسسة الحلبى ط ١٣٨٧هـ - ١٩٦٨م ٠
- السيوطى : الإمام جلال الدين عبد الرحمن السيوطى ت٩١١هـ ٠
- الأشباه والنظائر فى قواعد وفروع فقه الشافعية ط الحلبى ط ١٣٧٨هـ - ١٩٥٩م ٠

**أصول الفقه :**

ـ النسفى : الإمام أبي البركات عبد اللـه بن أحمد المعروف بحافظ الدين النسفى ت ٧١٠هـ ٠

ـ كشف الأسرار شرح المصنف على المنار ط دار الكتب العلمية ـ بيروت ط ١٤٠٦هـ ـ ١٩٨٦م ٠

**رابعا : الفقه :**

**١ ـ الفقه الحنفى :**

ـ ابن عابدين : خاتمة المحققين محمد أمين الشهير بابن عابدين ت ١٢٥٢هـ ٠

ـ حاشية ابن عابدين المسماة بحاشية رد المحتار ط الحلبى ط ١٣٨٦هـ ـ ١٩٦٦م ٠

ـ السرخسى : العلامة شمس الدين السرخسى أبو بكر محمد ابن أحمد ت ٤٩٠هـ ٠

ـ المبسوط ـ ط دار المعرفة ـ بيروت ٠

ـ ابن الهمام : كمال الدين محمد بن عبد الواحد السيواسي المعروف بابن الهمام ت ٥٩٣هـ ٠

ـ شرح فتح القدير ط دار الفكر ط ١٣٩٧هـ ٠

ـ المرغينانى : أبي الحسن بن أبي بكر عبد الجليل الرشدانى المرغينانى ت ٥٩٣هـ ٠

ـ الهداية شرح بداية المبتدى ط الحلبى ـ بدون تاريخ ٠

ـ علماء الهند ٠

ـ الفتاوى الهندية ـ ط المطبعة الكبرى ط ١٤١٠هـ ٠

ـ الموصلى : العلامة عبد اللـه بن محمود بن مودود الموصلى ت ٦٨٣هـ ٠

- الاختيار لتعليل المختار ط دار الجيل ط ١٤٢١هـ - ٢٠٠٠م .

- الحصفكى : الشيخ محمد علاء الدين الحصفكى .

- الدر المختار شرح تنوير الأبصار أعلى حاشية ابن عابدين - ط الحلبى .

- الكاسانى : الإمام علاء الدين ابن أبى بكر بن مسعود الكاسانى الحنفى الملقب ملك العلماء ت ٥٨٧هـ .

- بدائع الصنائع فى ترتيب الشرائع - ط دار الكتاب العربى - بيروت ط ١٤٠٢هـ - ١٩٨٢م .

**الفقه المالكى :**

- الدسوقى : العالم العلامة شمس الدين الشيخ محمد عرفه الدسوقى .

- حاشية الدسوقى على الشرح الكبير ط دار إحياء الكتب العربية - عيسى- الحلبى وشركاه - بدون تاريخ .

- القرافى : شهاب الدين أحمد بن إدريس القرافى .

- الذخيرة - ط دار الغرب الإسلامى ط ١٩٩٤م .

- الدردير : أبو البركات سيدى أحمد الدردير .

- الشرح الكبير بهامش حاشية الدسوقى ط الحلبى - بدون تاريخ .

- الباجى : أبو الوليد سليمان الباجى ت ٤٩٤هـ .

- المنتقى شرح الموطأ ط دار الكتب العلمية - بدون تاريخ

- ابن رشد الحفيد : أبو الوليد محمد بن أحمد بن محمد بن رشد الحفيد ت ٥٩٥هـ .

ـ بداية المجتهد ونهاية المقتصد ط دار الفكر ط ١٩٩٥م ٠
ـ الحطاب : محمد بن أحمد بن عبد الرحمن الحطاب الرعينى ت ٩٥٤هـ ٠
ـ مواهب الجليل ط دار الكتب العلمية ـ ط١٩٩٦م ٠
ـ عبد الوهاب : القاضى ابن محمد عبد الوهاب على بن ناصر المالكى ت ٤٢٢هـ ٠

ـ المعونة على مذهب عالم المدينة ط دار الكتب العلمية ـ بيروت ط ١٤١٨هـ ـ ١٩٩٨م ٠
ـ مالك : الإمام مالك بن أنس الأصبحى رحمه الله ت ١٧٩هـ ٠
ـ المدونة الكبرى ـ رواية الإمام سحنون ـ ط دار الفكر ـ بدون تاريخ ٠
ـ ابن فرحون : العلامة برهان الدين أبى الوفاء إبراهيم بن الإمام شمس الدين ابن عبد الله محمد بن فرحون اليعمرى المالكى ٠
ـ تبصرة الحكام ط دار الكتب العلمية ـ بيرو ط ١٣٠١هـ ٠
ـ الخرشى : أبى عبد الله محمد بن عبد الله بن على الخرشى المالكى ت ١١٠١هـ ٠
ـ حاشية الخرشى على مختصر خليل ط دار الفكر ٠
ـ المواق : أبو عبد اله محمد بن يوسف بن أبى القاسم العبدرى الشهير بالمواق ت ٨٩٧هـ ، التاج والإكليل لمختصر خليل هامش مواهب الجليل ط دار الفكر ط١٣٩٨هـ ـ ١٩٧٨م ٠

**٣ ـ الفقه الشافعى :**

ـ عبد السلام : سلطان العلماء أبى محمد عز الدين عبد العزيز ابن عبد السلام ت ٦٦٠هـ ٠
ـ قواعد الأحكام فى مصالح الأنام ـ ط مكتبة الكليات الأزهرية ٠
ـ الخطيب : الإمام الجليل عين أعيان الشافعية الشيخ محمد الشربينى الخطيب ٠

- مغنى المحتاج ط الحلبى ط ١٣٧٧هـ - ١٩٥٨م ٠
- النووى : أبي زكريا محيى الدين يحيى بن شرف النووى ت ٦٧٦هـ ٠
- روضة الطالبين وعمدة المفتين - ط دار الكتب العلمية - بدون تاريخ ٠
- المجموع شرح المهذب للشيرازى - ط دار الفكر ط١٩٩٦م٠
- البجيرمى: الشيخ سليمان بن محمد بن عمر البجيرمى ت ١٢٢١هـ ٠
- حاشية البجيرمى على شرح الخطيب - ط المطبعة الكبرى الأميرية ٠
- البكرى : السيد أبي بكر المشهور بالسيد البكرى ابن محمد شطا الدمياطى ٠
- إعانة الطالبين على حل ألفاظ فتح المعين لعلاء زين الدين المليبارى ط دار إحياء الكتب العربية - بدون تاريخ ٠
- الرملى : شمس الدين محمد بن أبي العباس أحمد بن حمزة ابن شهاب الدين الرملى الشهير بالشافعى الصغير ت ١٠٠٤هـ ٠
- نهاية المحتاج إلى شرح المحتاج - ط دار الفكر ط ١٩٨٤م٠
- الماوردى : أبي الحسن على بن محمد الماوردى ت٤٥٠هـ
- الحاوى الكبير - ط دار الفكر ط ١٩٩٤م ٠

- قليوبى : الشيخ شهاب الدين القليوبى ٠

- حاشية قليوبى وعميرة على شرح جلال الدين المحلى - ط المكتبة التوفيقية بدون تاريخ ٠

- الجمل : الشيخ سليمان الجمل ٠

- حاشية الجمل على شرح المنهاج - ط دار الفكر ٠

- البغوى : الإمام أبى محمد الحسين بن مسعود بن محمد بن الفراء البغوى ت ٥١٦هـ ٠

- التهذيب فى فقه الإمام الشافعى - ط دار الكتب العلمية ط ١٤١٨هـ - ١٩٩٧م ٠

- الشيرازى : الإمام الزاهد الموفق أبى إسحاق إبراهيم بن على بن يوسف الفيروزآبادى الشيرازى ٠

- المهذب فى فقه الإمام الشافعى - ط الحلبى ٠

**الفقه الحنبلى :**

ـ البهوتى ـ العلامة منصور بن يونس بن إدريس البهوتى ت ١٠٥١هـ ٠

ـ كشاف القناع عن متن الإقناع ـ ط دار الفكر ـ ط ١٩٨٢م٠

ـ شرح منتهى الإرادات ـ ط أنصار السنة المحمدية ط١٣٦٦هـ ٠

ـ الزركشى : الشيخ شمس الدين محمد بن عبد الله الزركشى ـ المصرى الحنبلى المصرى ت ٧٧٢هـ ٠

ـ شرح الزركشى ـ على مختصر ـ الخرقى ـ ط مكتبة العبيكان ـ الرياض ط ١٤١٣هـ ـ ١٩٩٣م ٠

ـ المرداوى ـ الإمام علاء الدين ابن الحسن على بن سليمان ابن أحمد المرداوى السعدى ت ٨٨٥هـ ٠

ـ الإنصاف فى معرفة الراجح من الخلاف ـ ط دار الكتب العلمية ـ بيروت ط ١٤١٨هـ ـ ١٩٩٧م ، دار إحياء التراث ٠

ـ ابن قدامة : موفق الدين أبى محمد عبد الله بن أحمد بن محمد بن قدامة ت ٦٢٠هـ ٠

- المغنى على مختصر أبي القاسم عمر بن الحسين بن عبد اللـه الخرقى - ط دار الحديث ط ١٩٦١م ٠
- ابن القيم : الإمام شمس الدين أبي عبد اللـه بن قيم الجوزية ت ٧٥١هـ ٠
- إعلام الموقعين - ط الطباعة المنيرية ط ١٩٥٥م٠
- زاد المعاد فى هدى خير العباد - ط المطبعة المصرية ٠
- الطب النبوى - ط دار إحياء الكتب العلمية - بدون تاريخ٠
- ابن تيمية : شيخ الإسلام محمد بن أحمد بن تيمية الحرانى ت ٧٢٨هـ ٠
- الفتاوى الكبرى - جمع محمد بن القاسم النجدى طبع على نفقة المحقق ٠

**الفقه الظاهرى :**

- ابن حزم : الإمام الجليل المحدث الفقيه فخر الأندلس أبي محمد على بن أحمد بن سعيد بن حزم ت ٤٥٦هـ ٠
- المحلى ط دار الآفاق الجديدة - بيروت - بدون تاريخ ٠

**الفقه الشيعى :**

- ابن المرتضى : الإمام المجتهد المهدى لدين اللـه أحمد بن يحيى بن المرتضى- ت ٨٤٠هـ ٠
- البحر الزخار الجامع لمذاهب علماء الأمصار - ط دار الكتاب الإسلامى - بيروت ٠

ـ العاملى : الإمام محمد بن الحسن الحر العاملى ت١١٠٤هـ
ـ وسائل الشيعة إلى تحصيل مسائل الشريعة ـ ط دار إحياء التراث العربى ـ بدون تاريخ ٠
ـ العنسى : القاضى أحمد بن القاسم العنسى ت ١٣٩٠هـ ٠
ـ التاج المذهب فى أحكام المذهب ـ ط جامعة صنعاء ـ بدون ٠
ـ مغية : محمد جواد مغية ٠
ـ فقه الإمام جعفر الصادق ـ ط مكتبة الهلال ـ بيروت ط١٤٠٤هـ ـ ١٩٨٤م ٠
ـ النجفى : الشيخ محمد حسن النجفى ت ١٢٦٦هـ ٠
ـ جواهر الكلام فى شرح شرائع الإسلام ـ ط دار إحياء التراث العربى ط ١٩٨١م ٠
ـ الخراسانى : الشيخ بشر بن غانم الخراسانى ٠
ـ المدونة الصغرى ط وزارة التراث القومى والثقافة سلطنة عمان ط ١٤٠٤هـ ـ ١٩٨٤م ٠

**كتب طبية مقارنة :**


- منصور : محمد خالد منصور ٠

- الأحكام الطبية المتعلقة بالنساء فى الفقه الإسلامى - ط دار النفائس عمان ط ١٤١٩هـ - ١٩٩٩م ٠

- جاد الحق : فضيلة الإمام جاد الحق على جاد الحق شيخ الأزهر السابق ٠

- أحكام الشريعة الإسلامية فى مسائل طبية عن الأمراض التناسلية إصدار المركز الدولى الإسلامى للدراسات والبحوث السكانية بجامعة الأزهر ٠

- الزينى : د٠ محمود محمد عبد العزيز الزينى ٠

- مسئولية الأطباء عن العمليات التعويضية والتجميلية والرتق العذرى فى الشريعة الإسلامية والقانون الوضعى ط مؤسسة الثقافة الجامعية - الإسكندرية - بدون تاريخ ٠

- بوشية : د٠ محمد شافعى مفتاح بوشية ٠

- العمليات الجراحية الخاصة بالذكورة والأنوثة ط ٢٠٠٣م٠

- الجندى : د٠ محمد الشحات الجندى ٠

- جريمة اغتصاب الإناث فى الفقه الإسلامى مقارنا بالقانون الوضعى ط دار النهضة العربية ط ١٤١٠هـ - ١٩٩٠م ٠

- المجدوب : د٠ أحمد على المجدوب ٠

ـ اغتصاب الإناث فى المجتمعات القديمة والمعاصرة  ط الدار المصرية اللبنانية ط ١٤١٥هـ ـ ١٩٩٥م ٠

ـ المنشاوى : المستشار عبد الحميد المنشاوى ٠

ـ الطب الشرعى ودوره الفنى فى البحث والجريمة ـ ط دار الفكر الجامعى الإسكندرية ـ بدون تاريخ ٠

ـ عبد التواب ، دوس : المستشار ٠ معوض عبد التواب ، د٠ سينوت حليم دوس ٠

ـ الطب الشرعى والتحقيق الجنائى والأدلة الجنائية  ط ١٩٨٧م ٠

ـ عويس : د ٠ أحمد زكى عويس ٠

ـ جريمة اغتصاب الإناث فى الفقه الإسلامى والقانون الوضعى المصرى والليبى ـ ط ١٩٩٢م ٠

**كتب طبية ثقافية مقارنة :**

ـ مجموعة من علماء هيئة المطبعة الحديثة ، ترجمة د٠ إبراهيم أبو النجا ، د٠ عيسى حمدى المازى ٠

ـ الموسوعة الطبية الحديثة ، نشر مؤسسة سيل العرب  باشراف د٠ إبراهيم عبده ٠

ـ زيدان : د ٠ زكى زكى حسين زيدان ٠

ـ حكم رتق غشاء البكارة فى الفقه الإسلامى والقانون الوضعى ط ١٤٢١هـ ـ ٢٠٠١م ٠

ـ المشالى : د٠ محمد على المشالى ، د٠ يحيى الشريف ، د٠ محمد عبد العزيز سيف النصر ٠

ـ الطب الشرعى والبوليس الفنى الجنائى ـ ط مكتبة القاهرة الحديثة ٠

ـ سيف النصر : د٠ محمد عبد العزيز سيف النصر ٠

ـ الطب الشرعى العملى والنظرى ـ ط دار النهضة العربية ط ١٩٦٠م ٠

ـ الحسينى : د٠ راغب الحسينى ٠

ـ هموم البنات ط مكتبة ابن سينا ـ بدون تاريخ ٠

ـ صدقى ، أمين ( د٠ محمود بك صدقى ، د٠ محمد بك أمين

ـ إرشاد الخواص إلى التشريح الخاص ـ ط المطبعة الأميرية ط ١٣٠٤هـ ٠

ـ أبو طالب :د٠ أسامه أبو طالب ٠

ـ الجنس بين الحياة والدين ـ ط دار الأمين ط ١٤١٩هـ ـ ١٩٩٨م ٠

ـ العوارى :د٠ عبد الفتاح بهيج العوارى ٠

ـ جريمة اغتصاب الإناث والمشكلات المترتبة عليها  ط ١٤٢١هـ ـ ٢٠٠٠م ٠

**الأبحاث المنشورة بالمؤتمرات والندوات :**

ـ الفتاوى الإسلامية من دار الإفتاء المصرية ٠ تصدرها وزارة الأوقاف المصرية ـ ط المجلس الأعلى للشئون الإسلامية ٠ ط ١٤٠٣هـ ـ ١٩٨٣م ٠

ـ المنظمة الإسلامية للعلوم الطبية بالكويت ٠

ـ الإسلام والمشكلات الطبية المعاصرة ـ سلسلة مطبوعات المنظمة الإسلامية للعلوم الطبية ٠

ـ ندوة الرؤية الإسلامية لبعض الممارسات الطبية المعاصرة المنعقدة بدولة الكويت بتاريخ ٢٠ شعبان سنة ١٤٠٣هـ ١٩٨٧/٤/١٨م ط ١٩٩٥م ٠

ـ د٠ محمد نعيم ياسين ٠

ـ رتق غشاء البكارة فى ميزان المقاصد الشرعية ، بحث منشور بندوة الرؤية الإسلامية للعلوم الطبية ، بحوث فقهية فى قضايا طبية معاصرة ـ دار النفائس بيروت ـ لبنان ٠

ـ د ٠ كمال فهمى ٠

ـ رتق غشاء البكارة بحث منشور بالندوة السابقة ٠

ـ الشيخ عز الدين الخطيب التميمى ٠

ـ رتق غشاء البكارة فى منظور إسلامى بحث منشور بالندوة السابقة ٠

ـ د٠ عبد الفتاح إدريس ٠

ـ إعادة بكارة المغتصبة ، بحث للندوة التى نظمها مركز صالح كامل للاقتصاد الإسلامى بجامعة الأزهر بعنوان قضايا فقهية متعلقة بالطب العلاجى بتاريخ ١٩٩٨/١٢/١٧م ٠

ـ الشيخ محمد المختار السلامى ٠

ـ الطبيب بين الإعلان والكتمان ـ بحث منشور بالندوة السابقة٠

ـ د٠ توفيق الواعى ٠

ـ حكم إفشاء السر فى الإسلام بحث منشور بالندوة السابقة٠

**المجلات والدوريات :**

١ ـ مجلة القانون والاقتصاد عدد يونيو ١٩٤٨م ٠

ـ مجلة روزاليوسف عدد رقم ٣٦٧٢ بتاريخ ١٩٩٨/١٠/٢٦م

ـ مجلة المحاماة ـ تصدرها نقابة المحامين بمصر ٠

ـ مجلة روح القانونين ٠ تصدرها كلية الحقوق ٠ جامعة طنطا العدد رقم ٦ ديسمبر ١٩٩١م ٠

ـ مجلة حواء المصرية العدد رقم ٢٢٠١ الصادر فى ١٩٩٨/١١/٢٨م ٠
ـ جريدة الجمهورية المصرية الصادرة بتاريخ ٢٠٠١/٤/١٩م
ـ مجلة التصوف الإسلامى العدد ٨ السنة ٢١ الصادرة بتاريخ ١٩٩٨م ٠
ـ جريدة الأهرام المصرية عدد الجمعة ١٩٩٨/١١/٢٧م ٠
ـ جريدة الأهرام المصرية عدد الصادر ١٩٩٨/١٠/٢٣م باب القانون العدد رقم ٤٠٨٦٣ السنة ١٢٣ ٠

**كتب فقهية حديثة :**

ـ حيدر ـ الشيخ / على حيدر ٠
ـ درر الحكام شرح مجلة الأحكام ـ ط دار الكتب العلمية ـ بيروت ط ١٤١١هـ ـ ١٩٩١م ٠
ـ الشيخ : أ٠د/ عبد الفتاح الحسينى الشيخ ٠
ـ الإكراه وأثره فى الأحكام الشرعية ـ ط دار الاتحاد العربى للطباعة ط ١٣٩٩هـ ـ ١٩٧٩م ٠
ـ واصل : د٠ نصر فريد واصل ٠
ـ المدخل الوسيط لدراسة الشريعة الإسلامية والفقه والتشريع ط مطبعة النصر ط ١٤٠٠هـ ـ ١٩٨٠م ٠
ـ أبو زهرة : الشيخ الإمام محمد أبو زهرة ٠
ـ الجريمة فى الفقه الإسلامى ـ ط دار الفكر العربى ـ بدون تاريخ ٠
ـ الشنقيطى : د٠ محمد محمد المختار الشنقيطى ٠
ـ أحكام الجراحة الطبية والآثار المترتبة عليها ـ ط مكتبة الصحابة الإمارات ط ١٤١٥هـ ـ ١٩٩٤م ٠

أحكام محكمة النقض :

ـ مجموعة القواعد القانونية الصادرة من المكتب الفنى بمحكمة النقض ٠

ـ مجموعة أحكام محكمة النقض الصادرة من المكتب الفنى بمحكمة النقض ٠

المراجع القانونية :

ـ نجيب : د٠ محمود نجيب حسنى ٠

ـ شرح قانون العقوبات ـ القسم العام ـ ط دار النهضة العربية ١٩٧٣م ٠

ـ الموجز فى شرح قانون العقوبات ـ القسم الخاص ط دار النهضة العربية ط ١٩٩٣م ٠

ـ مصطفى : د٠ محمود محمود مصطفى ٠

ـ شرح قانون العقوبات ـ القسم العام ـ ط جامعة القاهرة ١٩٨٣م ٠

ـ مسئولية الأطباء ـ بحث منشور بمجلة القانون والاقتصاد عدد يونيو سنة ١٩٤٨م ٠

ـ شرح قانون العقوبات ـ القسم الخاص ـ ط جامعة القاهرة ط ١٩٧٥م ٠

ـ بهنام : د٠ رمسيس بهنام ٠

ـ النظرية العامة للقانون الجنائى ـ ط منشاة المعارف بالإسكندرية ط ١٩٦٨م ٠

ـ سرور : د٠ أحمد فتحى سرور ٠

ـ الوسيط فى قانون العقوبات ـ القسم الخاص ـ ط دار النهضة العربية ط ١٩٨٠م ٠

ـ ساطور : د٠ منصور السعيد ساطور ٠

ـ شرح قانون العقوبـات ـ القسـم الخاص ط مكتبـة الإيمان للطباعـة ـ ط ١٤١٤هـ ـ ١٩٩٤م .

ـ محسن : د. عبد العزيز محمد محسن .

ـ الحماية الجنائيـة للعرض فى الشريعة الإسلامية والقانون الوضعى ط دار النهضة العربية ط بدون تاريخ .

ـ رمضان : د. عمر السعيد رمضان .

ـ شرح قانون العقوبات ـ القسم الخاص ـ ط دار النهضة العربية ط ١٩٦٥م .

ـ بكر : د. عبد المهيمن بكر .

ـ القسم الخاص فى قانون العقوبات ـ ط دار النهضة العربية ١٩٧٧م .

ـ جاد : د. سامح السيد جاد .

ـ شرح قانون العقوبات ـ القسم الخاص ـ بدون طبعة ـ بدون تاريخ .

ـ بدوى : د. أحمد محمد بدوى .

ـ نقل وزرع الأعضـاء البشريـة ـ ط سـعد سـمك للمطبوعـات القانونيـة والاقتصادية ط ١٩٩٩م .

ـ طه : د. محمود أحمد طه .

ـ الحماية الجنائية للعلاقة الزوجية دراسة مقارنة ـ ط جامعة طنطا بـدون تاريخ .

ـ قايد : أسامه عبد الله قايد .

ـ المسئولية الجنائية للأطبـاء ـ دراسـة مقارنة فى الشريعة الإسلامية والقانون الوضعى ـ ط دار النهضة العربية ١٩٨٧م .

ـ الصغير : د. جميل عبد الباقى الصغير .

ـ ختان الإناث بين الإباحة والتجريم ـ ط دار النهضة العربية ط ١٩٩٥م .